참 쉬운
깨달음의 길

참 쉬운
깨달음의 길

장오성 지음

책을 펴내며

 서점에 널린 그 많은 책을 쓰는 사람들은 도대체 어떤 사람들일까. 남의 일로만 여겼던 그 대단한 일이 나의 일이 될 것이라고는 상상도 못 했건만, 사람일 알 수 없나 보다. 7년 만에 또 한 권의 책을 내게 됐으니 말이다.

 영생토록 모든 괴로움에서 벗어나게 해주는 단 하나의 길, 깨달음이라는 이 쉽고, 이 중요하고, 이 급한 일을 해결하는 데 도움을 주기 위해, 반드시 책을 남기고 가리라는 사명감이 결국 또 일을 내게 하고 말았다.

 차라리 종일 육체노동을 하고 말지, 혼자서는 글 한 줄 쓰기도 힘들어하는 이 난관을 극복하려면 신문에 연재하는 타력을 다시 빌리기로 작심했다. 겉으론 아주 큰 인심이나 쓰듯이 필자 구하는 일에 고생 많은 신문사를 위해주는 척했지만, 내심 목적은 책을 엮는 징검다리가 필요했다. 결과적으로 자리이타自利利他가 되긴 한 것 같다. 기쁘게 지면을 허락해 준 원불교신문사 관계자 여러분께 깊은 감사를 올린다.

예상은 했지만, 몇 편 보내고 나니 금세 현안에 치여 원고 마감 시간 맞추느라 잠 못 이루는 밤은 늘어갔고, 아무도 도와줄 수 없는 고독한 몸부림 속에 나오는 넋두리 받아내느라 주변에서도 고생 많았다.

매주 글을 설레며 기다린다는 많은 독자들의 말씀과 만날 때마다 보여준 신문사 식구들의 응원과 지지가 1년 넘도록 글쓰기를 유지하게 만든 힘이 되었다. 그 고마운 분들 덕에 불가능할 것만 같았던 일을 결국 해냈다.

종교의 울을 넘어, 세상 모든 이들 누구나 쉽게 다가갈 수 있도록 가급적 일반인의 언어로 풀어쓰려고 노력했다. 어떻게든 읽히는 글이 되어야 깨침의 기연이 될 것이니, 재미의 요소도 양념으로 살짝씩 섞어보려던 눈물겨운 노력에 가산점을 좀 줬으면 싶다.

매 편마다 그 말이 그 말이라, 같은 말을 지겹도록

반복한 것만 같은데, 늘 다르게 읽힌다고들 하니 참 희한하기도 하고 한편으론 다행이기도 했다. 막상 책으로 엮어내고 보니, 앞에 한 말 또 하고 또 한 것이 두드러지긴 하는데, 다들 그러려니 하고 좀 넘어가 주면 좋겠다.

각 편마다 깨달음으로 인도하는 밀도 있는 문장들이 들어있으니, 뭐 잘 쓴 글은 아니라도, 너무 후다닥 읽어 내려가지 말고, 천천히 음미하며 글과 만나는 시간이 되길 바란다. 두고두고 거듭 읽으며 화두 삼아 지내다 보면 반드시 깨달음의 인연이 될 것을 장담한다.

첨언하자면, 조금이라도 더 읽히는 글을 쓰려는 나름의 글쓰기 습관 때문에 구어체와 쉼표 등을 많이 쓰다 보니, 표준국문법에서 다소 벗어난 표현을 고집했다는 점을 양해하고 읽어주기를 바란다.

부디 이 글을 읽는 모든 분께 깨달음의 은혜가 함께 하기를 …

원기109년(2024) 3월
변산원광선원에서

장오성 교무 손모음

차례

05   책을 펴내며

13   깨달음, 그거 천하에 쉽다!
17   내게 찾아온 깨달음 이야기
21   깨닫기 전엔 아무것도 하지 말라고?
25   부자는 천당 가기 어렵다
29   어매, 뭣 할라고 날 낳았던가
33   벽돌 갈아 거울 만들기
37   물맛과 견성
41   이것이 견성이다!
45   이것이 일원이다!
49   이것이 법신불이다!
53   모두가 신이다!
57   개령은 없다!
61   산은 산이요 물은 물이로다!
65   밥 먹기보다 쉬운 일
69   나는 전지전능하다!

- 73　주인장 납시오
- 77　신앙이 약한 종교는 없다
- 81　나는 비행기를 타지 않는다
- 85　신은 어머니일까 아버지일까
- 89　충전은 하고 사는가
- 93　모르는 게 병이다!

- 97　구슬이 서 말이라도
- 101　그가 없으면 나도 없다
- 105　도인은 일이 없다!
- 109　부처 아닌 것도, 부처 아닌 때도 없다!
- 113　인과는 얄짤없다!
- 117　99.9%짜리 깨달음은 없다!
- 121　천상천하 유아독존
- 125　일체유심조
- 129　노는 입에 나무아미타불
- 133　나는 죽지 않는다!
- 137　나는 기적을 행한다!
- 141　만법귀일
- 145　백척간두 진일보
- 149　둥근 달은 365일 뜬다!
- 153　신이 만든 것은 다 완벽하다!

157　개에게는 불성이 없다
161　그림 속 달마를 걷게 하다
165　유일신을 믿지 말라
169　그대는 어디서 와서 어디로 가는가(불생불멸)
173　더럽고 깨끗함이 없다(불구부정)

177　늘어나는 것도 줄어드는 것도 없다(부증불감)
181　라면을 먹지 말자
185　언어도단의 입정처
189　이름표를 떼라
193　유무초월의 생사문
197　음양으로 베를 짜는 직녀
201　케 세라 세라 기도
205　체인점엔 주인이 없다
209　그대가 깨칠 수밖에 없는 이유!
213　빈 배
217　서울에서 서울 갈 수 없다!
221　부처는 자비롭지 않다!
225　이판사판
229　깨친 이후의 신앙 수행법
233　천지이니 천지처럼!
237　천운을 타고난 대한민국!

영생토록
모든 괴로움에서
벗어나게 해주는
단 하나의 길,
깨달음이라는
이 쉽고,
이 중요하고,
이 급한 일을 해결하는 데
도움을 주기 위해
…

깨달음, 그거 천하에 쉽다!

 평생 살면서 항상 좋기만 하다거나 행복하기만 하다는 이 있으면 손들어 보라. 혹, 손 든 이가 있다면 전문의의 진단이 필요한 상황이니 속히 병원에 들러 보길 권한다. 삶이란 누구에게나 호락호락하지 않은 법, 울고 웃는 일들이 섞여 돌아가기 마련이라 괴로움은 누구든 겪어야 한다. 그렇다고 남이 행복하다는데 굳이 괴롭게 만들어 놓고 싶은 못된 심보를 가진 건 아니다. 단지, 영생을 통해 윤회하는 괴로움을 멈추도록 각성시키려면 어쩔 수 없는 일이니 이해들 하시라.

 보라. 인간에게는 생·노·병·사라는 사고四苦가 태어남과 동시에 숙명으로 따라붙는다. 제아무리 태어나지 않으려 해도 그냥 저절로 태어나진다. 늙지 않으려 하나 저절로 늙어가며, 병고를 겪지 않을 수 없으며, 언제 올지 모르는 죽음의 언덕을 누구나 넘어야 한다.

나는 그래도 괜찮노라 계속 고집할까 봐, 거기에 네 가지 괴로움을 더 보태서 심각성을 깨우쳐줘야겠다. 애별리고愛別離苦, 죽음으로든, 이별로든, 소중한 이들을 떠나보내야 하는 아픔은 어떻던가. 그 반대로, 원증회고怨憎會苦, 보기 싫거나 날 힘들게 하는 이들을 계속 만나야만 하는 고통은 더 크지 않던가. 거기에 구부득고求不得苦, 나와 내 소중한 사람들에게 일어났으면, 혹은 일어나지 않았으면 하는 것들이 뜻대로 되지 않아 힘들 때는 또 얼마나 많던가. 오음성고五陰盛苦, 제발 사라졌으면 하는 온갖 번뇌, 싫은 이미지나 생각들이 치성하게 떠오르는 괴로움을 겪지 않고 사는 이가 어디 있던가.

멀쩡하게 잘 살고 있구먼, 뭣 땜에 이런 듣기 싫은 말을 굳이 꺼내 사람 마음 심란하게 하느냐고 투덜거릴지 모르겠다. 이 모든 고통을 천생 만생 억 만생을 반복하는 윤회의 수레바퀴를 벗어나 자유, 해탈, 극락으로 안내하려는 안타까운 외침으로 좀 여겨주면 어떨까. 그 전제조건은 깨달음을 얻는 일인데, 이 기적 같은 능력은 오직 사람에게만 주어져 있다.

쉽게 다시 요약하면, 영생토록 모든 괴로움에서 벗어나려면 반드시 깨달음을 얻어야 하고, 그것은 사람만이 가능하다는 말씀.

흔히들 괴로움에서 벗어나고자 이런저런 마음공부에 수십 년씩 공을 들인다. 듣기에 심히 당황스럽고 불편할 테지만, 마음이 어딨는지 확실히 보지 않은 이는 엄밀히 말해 마음공부가 불가능하다. 마음을 모르니 비울 수도, 닦을 수도, 돌릴 수도, 다스릴 수도 없다. 마음을 확실히 본 이후라야 그 모든 것들을 할 수 있다.

마음 있는 곳을 정확히 확인 못 한 이들이 마음공부 한다고 하는 일체의 노력은 심히 가상하고, 아무것도 안 한 것보다 약간 훌륭한 일이긴 해도, 너무 고되고 딱하고 허망한 일이다. 눈 뜬 자의 위치에서 보면, 눈 어둔 이가 눈 뜰 생각은 않고 똑같이 눈 어둔 이들을 이리 와라 저리 가라 인도하는, 딱 그 격이다.

이런 고통에서 영원히 벗어나려면, 그 급선무가 사

람 몸 받았을 때 견성, 즉 깨달음, 눈앞에 훤히 밝은 이 마음을 보는 일이다. 마음을 본 이들은, 남들은 다 괴롭다고 몸부림하는 일들을, 그저 바람 불고 비 오는 정도의 현상으로 수용하며, 초월한 차원에서 사는 길을 안다. 사람으로 태어나 깨달음 얻지 못하고 그냥 떠나면 또 사람 몸 받는다는 보장이 없지 않은가.

깨달음, 그거 얻으면야 좋겠지만 그게 어디 쉽나, 그게 아무나 되나, 속으로 이렇게 중얼거릴까 싶어 이 자리서 확실히 못 박아 둘까 한다. 그렇다! 깨달음은 쉽다! 아무나 된다! 이 글을 읽는 바로 당신도 완벽히 가능하다. 자, 그러니 이제 함께 출발해 보지 않을 텐가.

내게 찾아온 깨달음 이야기

깨달음에 대해 내놓고 이야기하는 사람들에게, 궁금하지만 차마 묻기 어려운 질문이 있다. '그래, 그 말을 하는 너는 그 자리를 보았냐.'이다. 계속해서 이 불필요한 질문이 맴돌게 될까 싶어 미리 밝히고 들어가는 게 좋겠다.

출가 이후 그다지 열심히 산 것도, 구도심이 장해 여기저기 찾아다니는 편도 아니었던 내게, 그 일은 지금으로부터 10여 년 전 우연히 일어났다. 남들 아는 바와는 달리, 워낙 책 읽기 싫어하는 내가, 무슨 연유인지 그즈음엔 깨달음에 관련된 책들에 푹 심취해 있었다. 깨달음의 순간들을 기술한 부분은 황홀하기 그지

없었으며 너무나 매력적이었다.

　시간과 처소를 잊은 삼매상태에서 어느 순간 글 너머, 소위 행간이 살아있는 영상처럼 곧 실재로 눈앞에 펼쳐졌다. 경계선 없이 여기서 보는 자와, 이 허공과, 경계선 없는 저 소나무의 운영자가 동일자라는 확연한 진실!

　눈앞에 이 텅~빈 허공이 전지전능한 완벽한 생명체로 생생하게 보.여.졌.다! 일순간 모든 것이 정지된 듯 온 우주에 오직 이것 하나뿐이었다가 동시에 일체의 존재와 일체의 소리가 다 한 운영자의 조화로운 구성체이며 화음이었다. 오직 그 하나의 신령함이 온 우주에 가득하여 바위를 보나 허공을 보나 나무를 보나 사람을 보나 한 몸이었고, 일체가 지금 보는 자, 오직 나 밖에 없었다.

　'아~ 이게 나로구나!' 이 텅 빈 만능자, 온 우주 천상천하가 나 하나로 운영됨이 의심의 여지 없이 확연했다! 이 외에 더 이상 구할 것도 없었으며, 모든 의심이 단번에 절로 해결되었다. 벅찬 마음으로 경전을 펼치니, 일체 교리가 하나로 쫙 꿰어졌고, 타종교 경전도 마찬가지였다. 대종사님 은혜가 무량하여 오열하고 오열하는 일들이 거듭됐다. 이 쉬운 걸, 이 아무것도 아닌 걸 그리 어렵게 찾아 나선다는 것이 참 아이러니였다.

이쯤 되면 그 책이 대체 무엇인지 엄청 궁금들 할 것이다. 허나 책의 문제가 아니니 호기심일랑 접어두시라. 내게 책을 추천해준 이들에겐 그 일이 일어나지 않았고, 깨달음으로 인연될 만한 문장들을 타이핑해 제본하여 여럿을 나눠줬지만 마찬가지였다.

이렇게 분명하고 쉽고 별것 아닌 일이라, 누구든 알아듣겠지 싶어 한 도반에게 쭉~ 설명하니, 그가 순간 툭 열리는 게 아닌가! 깨달음을 전하는 일이 가능하다는 것이 증명된 이후, 앞으로 내 할 일은 오직 이것 하나로 정해졌다. 죽을 때까지 한 사람에게라도 더 이것을 전해 영생 문제를 해결하도록 인도하리라는 서원이다. 그 서원 속에 깨달음에 인연된 이가 수없이 많다. 더불어 상대가 진리를 확연히 본 것이 맞는지, 아니면 그저 머리로 이해하는 정도인지, 상대방의 깨달음의 여부가 알아지는 힘도 더불어 생겼다.

한 소식 얻었다는 사람이 근데 뭐 별반 달라진 게

없냐고 위아래로 훑어보지 않길 바란다. 깨달음이 곧장 실행이나 변화로 나타나는 것이라 여긴다면, 단언컨대 그대는 마음을, 일원을, 성품을 털끝만큼도 보지 못했다는 반증이니, 인정하고 제대로 시작하는 게 좋으리라.

견성은 그 자체로 아무 힘이 없고 대단한 것도 아니다. 이제 비로소 참 수행, 참 신앙을 할 수 있는 출발선에 선 것일 뿐이다. 깨친 이들이 제일 먼저 변하는 것은 무한대로 열린 의식세계다. 겉으로 드러나지 않으니 깨침의 여부를 알 수가 없다. 한번 이 자리를 정확히 본 이는 언제든 돌아갈 자성, 진리를 훤히 아는 까닭에 이생의 일에 조급하지 않으며 긴 호흡으로 영생을 보며 길을 간다.

깨닫기 전엔
아무것도 하지 말라고?

그대는 신앙이 무엇이며, 수행이 무엇이라고 생각하며 사는가. 제대로 된 신앙과, 제대로 된 수행을 하고 있는가. 부처가 어디 있는지를 알아야 신앙을 하고, 마음이 어디 있는지를 알아야 수행을 할 수 있다!

신앙이란 부처가, 신이 어디에 있는지 정확히 알아 부처를 부처로 대하는 태도나 마음을 말한다. '부처가 어디 있는가?' 이 질문에 찰나의 망설임 없이 명확한 부처를 보여줄 수 있는가? 깨닫기 전에는 부처가 어디 있는지 모르니 올바른 신앙을 할 수 없다.

수행이란 마음 있는 곳을 정확히 알아 그곳을 떠나지 않고 사는 것이다. '마음이 어디에 있는가?' 이 질문에 찰나의 망설임도 없이, 명확한 마음 있는 곳을 보여 줄 수 있는가? 마음이 어디 있는지 모르면 참된 수행을 할 수 없다. 이름하여 오염수다.

어허! 그럼 깨닫기 전에 하는 일체의 신앙 수행은 아무 필요도 가치도 없으니, 깨달음이 찾아오기만을 손 놓고 기다리고만 있으란 말이냐고 따지고 싶을 것이다. 그렇지 않다. 깨닫기 전에도 인과를 믿어, 일체만물과 허공법계에 불공을 잘 하면, 사는 동안 돕는 인연도 많아지고 하는 일마다 수월하며 여러 가지 복이 따르게 되니, 더 열심히 해야 한다.

수행도 마찬가지다. 깨닫기 전에도 수행을 열심히 한 사람은 기질이 잘 단련돼 있어서, 깨달은 후에 힘을 얻는 속도가 그에 비례하여 커진다. 그러니 또한 열심히 수행해야 한다. 단, 깨달음에 대한 발원과 징심을 놓지 않은 채 그것들을 해야 한다.

깨달음은 그냥 답을 정확히 안 것뿐이지, 겉으로 바로 변화가 나타나거나 힘이 생기지 않는 경우가 대부분이다. 그렇다면 또 이렇게 반문하고 싶겠지. 언제 될지도 모르는데다, 별다른 변화도 없다면, 뭐 하러 그 어려운 깨달음을 꼭 얻어야만 하는가 하고 말이다.

앞으로도 입이 아프도록 거듭 말하겠지만, 깨달음을 얻어야만 영생토록 괴로움의 문제를 다 벗어나, 자유와 해탈의 경지에 머물 수 있게 되기 때문이다. 깨달음 없는 신앙 수행을 열심히 하면 복은 좀 받고 기질은 좀 변화될지는 몰라도, 괴로움은 사라지지 않고 영생토록 계속된다는 사실이다. 언제 갈지 모르는 인생인데다, 또 사람으로 온다는 보장도 없으니, 이것처럼 급하고 중한 일이 없다.

깨달음은 시절인연으로 한순간에 온 것뿐, 숙겁을 통해 쌓인 업력과 습관은 단시일에 녹지 않는다. 업력과 기질은 여전히 힘이 세다. 이때가 바로 깨치기 전 신앙 수행이 효력을 발하는 지점이다. 깨친 후의 변화는 숙세를 통해 공들인 신앙 수행의 정도에 달려있는 것이다. 그러니 아무것도 않고 감 떨어지기 기다리며 입 벌리고 누워있어선 안 된다.

깨달은 이후 변화가 일어나는 사람들은, 숙겁을 통해 어느 쪽을 많이 단련했느냐에 따라 세 방면으로 나눠지는 것 같다. 수양면에 현저히 힘을 얻는 수양파,

깨달음을 전하는 일과 사리에 능해지는 연구파, 취사에 큰 힘이 쫙 생기는 취사파다. 실행으로 큰 변화를 보이는 이가 있다면 취사파일 것이며, 이들이 제일 재미를 보며 산다. 진리가 훤해져 말이나 글로 깨달음을 인도하는 쪽에 유독 밝은 걸 보면, 나는 확실히 연구파인 것 같고, 변화는 더디다.

겉으로 별 변화가 없는 이들도 자유, 해탈이라는 영생의 문제 해결은 이미 시작되었다. 영생을 놓고 보면 한 생도 찰나지간인데, 어디로 가야 할지 목적지를 정확히 알고 있으니, 조금 빨리 가고 말고가 무슨 대수랴. 어디로 가는지도 모르고 운전만 열심히 해서는 결코 불지佛地에 당도할 수 없다. 목적지를 알고 모르고가 결정적이라는 정확한 사실.

부자는 천당 가기 어렵다

　부자들 들으면 기겁할 말이겠지만 부자는 천당 가기 어렵다. 익히 아시듯 이건 성경 말씀의 일부다. 아, 물론 절대 안 된다는 게 아니라 극히 어렵단 말이니, 스스로 부자라 여긴 그대여 노여움을 내려놓으시라. '유전무죄 무전유죄'가 통용되는 세상에, 억울하고 서러운 누군가에겐 이런 구절로나마 조금의 위로가 될 수도 있지 않겠나. 그렇다고 뭐 가난하면 다 천당 간다는 뜻도 아니니, 가난하길 다행이다 안도하는 딱한 이는 없겠지.
　부자란 단편적으로 재물만 많다는 뜻이 아니다. 안 되는게 없이 만들어주는 마력을 지닌 것이 재력이다.

학력도 재주도 권력도 신분도 명예도 외모도 건강도 다 갖게 해주며, 죄를 지어도 다 빠져나가게 해준다. 부자들은 그래서 억울하고 서럽고 힘들고 괴로울 일이 상대적으로 적다. 사는 데 큰 지장 없다는 바로 이 점이, 천당 가는 것을 방해하는 요소다. 왜냐하면, 괴로움이 많으면 그걸 벗어나려고 온갖 몸부림을 하게 되고, 그러다 보면 깨달음에 대한 언어가 아주 크게 들려와, 이런저런 길을 찾아 결국 깨달음을 얻는다. 깨달음을 얻음이 곧 천당 간다는 말이다.

부자들은 괴로울 일이 별로 없으니, 괴로움에서 영원히 벗어나게 해주는 깨달음에 대한 말이 귀에 잘 들려오지 않는다. 때문에 깨달음을 이루려는 원을 세우지 않을 것이라, 결국 깨치지 못하여 천당을 가지 못한다. 하여 괴로울 일이 거의 없는 부자는 천당 가기 어렵다고 해석하는 게 나의 견해다.

천당 가기 어려운 부자를 좀 확대해석하면 뭐든 좋은 조건을 갖춘 이들이다. 머리가 좋거나, 재주가 있거나, 남에게 인정받거나, 일이 잘되거나, 소위 잘나가는 사람들이다. 남들이 인정해주고, 웬만큼 잘 풀리고, 세상이 살만하다 여기는 사람은, 삶이 무난하여 거기에 만족하기 쉽다. 이런 이들은 깨달음을 발원하기가 어렵다. 삶이 무난하지 않고 힘들어야, 괴로움을 해결할 길을 찾을 것이며, 찾다 보면 깨달음의 길로 들어서기가 쉬워진다.

천당 가기 어려운 한 부류를 더 추가하면, 자기는 다 안다는 자만심에 꽉 차 있는 이들이다. 이들은 성자의 말씀을 자기 주견대로 해석하면서, 웬만큼 안다는 마음 때문에 스스로 깨닫지 못했음을 인식하지 못한다. 스스로 성자가 되어야지, 성자의 말씀을 전달하고 인용만 하고 살면, 깨달음에서 멀리 있으며 성자의 뜻에 위배된다.

부자들이나, 삶이 무난한 이들이나, 자만심 강한 이들은 괴로움을 근본적으로 해결하려는 원이 서지 않는다는 공통점이 있다. 원이 없으니 이생에 깨달음 얻는 일은 일어나지 않을 것이며, 이생에 얻지 못하면 다음 생을 장담 못하니, 영원히 얻지 못할 확률이 높다.

물론 이런 이들이 다 천당 가기, 깨달음 얻기가 불가하다는 건 아니다. 삶이 무난해도 거기에 눌러앉지 않고 깨달음을 발원하는 이가 있으니, 소위 지혜로운 이다. 지혜로운 이는 좋은 조건에 빠져버리지 않고, 그것을 보은의 도구로 잘 활용하면서, 깨달음에 대한 원을 굳게 세워 결국 해결하는 사람이다. 그대가 드물고 드문 지혜로운 부자이길 바란다.

 부자에겐 어렵고 괴로움 많은 이가 깨달음에 가까워 천당 갈 조건이 갖춰져 있다니, 이 얼마나 기막힌 역설이며, 이 얼마나 은혜롭고 통쾌한 괴로움인가! 괴로움에 몸부림하는 그대여! 그러니 절망하거나 목숨을 이럴까 저럴까 하는 대신, 가장 가까이 있을 깨달음의 길로 들어서라. 그 발원 하나 일으키면 깨달음 얻어 천당 가는 일은 이미 따논 당상일 터이니 …

어매, 뭣 할라고 날 낳았던가

 '어매 뭣 할라고 날 낳았던가' 어매들의 가슴을 후벼 파는 나훈아 가수의 어매라는 노래에 나오는 이 노랫말은, 사람으로 태어나 일생을 사는 일이 얼마나 고되고 팍팍한지를 잘 보여준다. 뭣 할라고 날 낳았냐고? 뭔가 오해가 있는 것 같은데, 사실 어매가 날 선택한 것이 아니다.

 사람이 죽어 중음계에 머물 때는 자신의 부족한 상태를 정확히 보고 안다. 자신의 진급을 위해 가장 적합한 부모와 인연들과 환경을 스스로 선택해서 찾아온다. 어디에 태어나서 더 좋다거나 더 나쁜 곳은 없다. 자신의 진급에 가장 적절한 학습의 장, 괴로움에서 영원히 벗어나는 영생문제 해결의 통로로서, 어매는 반드시 필요하다.

    괴로움을 영원히 벗어나려면 깨달음을 얻어야 하고, 사람만이 각혼을 가져 그게 가능하니, 사람 몸으로 오려면 어매가 있어야 한다. 내 영생의 과업을 이뤄주기 위한 통로가 되어준 고마운 희생자인데, 죄 없는 어매가 이런 한 맺힌 절규를 들어야 할 하등의 이유가 없다. 모든 존재들은, 물론 생을 거듭하며 약간의 진강급은 있겠지만, 그것이 그것 되고 다시 그것이 그것 되면서, 그 언저리를 벗어나지 못한 채 무량한 생을 이어간다. 이것이 윤회다. 윤회에서 영원히 벗어나 자유를 얻으려면 오직 깨달음을 얻는 길밖엔 없으며, 깨달음은 사람만이 얻을 수 있으니 사람으로 태어나는 것이 무엇보다 중요하다.

    그런데 사람 몸 받기가 얼마나 어려운 일인지를 일깨우는 비유들은 시쳇말로 뻥이 너무 심해, 대충 웃어 넘기며 듣는 경향이 있다. 부탁하건대 제발 좀 심각하게 받아들이시라. 사람인 그대 하나 태어나는 것이 불가능에 가깝도록 어려운 일이란 말이다.

섬개투침纖芥投針이라, 깨알보다 훨~씬 작은 겨자씨 하나를 저만치에 걸어두고 멀리서 바늘을 던져 정확히 꽂히게 명중시켜야 사람 하나가 태어나고, 나머지 명중되지 못해 태산같이 쌓인 바늘들은 다른 생명체로 간다는 정확한 비유다. 내가 태어난 것은 그냥 어쩌다 온 것이 아니라, 불가능에 가까운 이런 경쟁을 뚫고 온 것이 사실인데, 왜 믿지 않는 건가.

성자되려면 세 가지 난관을 통과해야 하는데, 사람 몸 받아 깨달음 얻을 가능성을 획득한 첫 번째 어려운 관문을 그대는 통과했다. 두 번째 난관은 깨달음에 대해 정확히 말해주는 가르침, 즉 불법을 만나는 일이다. 불법은 불교를 지칭하는 게 아니라 내가 곧 신이며 부처라는 것을 알려주는 가르침이다. 깨달음을 인도하는 곳이라면 아무리 작아도 참 종교다. 마지막 관문은 심신상태가 깨달음의 말씀을 읽거나 듣는 데에 장애가 없이 태어나는 일이다.

무량수의 중생 중에 이 세 가지 난관을 통과하는 생명체가 얼마나 되겠는가. 숙세에 쌓은 한없는 복덕과 서원이 있어 가능한 일이고, 드물고 드물어 불가능에 가깝다니깐 그러네.

깨달음을 얻을 수 있는 사람으로 태어나, 깨달음으로 인도하는 불법 만나서, 깨달음의 말이나 글을 듣고 읽는데 걸림 없다면, 그대는 더할 나위 없이 완.벽.하.다. 지금 그대가 이 글을 잘 읽고 있다면, 이 난관을 다 통과했다는 증거니, 로또보다 더한 행운을 거머쥔 셈이다. 넋두리할 일이 없다. 이제 천하에 쉬운 눈앞, 이 훤한 것을 보는 깨달음의 눈만 뜨면 된다.

삼난을 돌파한 귀하고 귀한 그대여! 깨달음 얻어 자유의 경지에 이르려는 깊은 서원으로 이 세상에 자기 발로 온 것이니, 속으로든 입으로든 왜 날 낳았냐며, 어매 가슴에 대못박는 어리석고 불효막심한 자가 되지 말지어다.

벽돌 갈아 거울 만들기

 깨달음을 얻겠다고 맨날 법당에 틀고 앉아 있는 마조를 보고, 스승 회양이 마당에서 벽돌을 박박 간다. 그 소리가 심히 거슬린 마조가, 벽돌을 뭐 하러 가느냐 물으니, 거울 만들거라 한다. 마조가 어이가 없어, 벽돌 간다고 그게 무슨 거울이 되겠냐 하자, 회양은, 그럼 그렇게 좌선한다고 깨닫겠냐고 일갈한다.

 벽돌은 아무리 갈아도 거울이 되지 않는다. 좌선 많이 한다고 깨달음 얻는 것이 아니라는 말씀이다. 좌선을 열심히 하면 깨달음을 얻을 거라는 속절없는 희망을 못 벗어나는 수행자들이 참 많다. 어떻게 해야 깨달음이 오는지, 어떻게 해야 상대를 깨닫게 해줄 수 있는지를 모르니, 하릴없이 좌선에만 기댄다. 수양에 반드시 필요한 수행이긴 하나, 좌선한다고 깨달음 얻는 건 아니다. 깨치기 위해 앉아있다면 벽돌 갈아 거울 만들기다.

이런 말 하면, 분명 방금 수양에 반드시 필요한 수행이라 전제했건만, 그럼 지금 좌선 하지 말란 소리냐며 따지려는 이가 분명 있을 것이다. 좌선이 깨달음과 직결되진 않으며, 깨달음의 유일한 길도 최고의 길도 아니란 것이지, 하지 말란 말은 아니니 제발 오해 없으시길.

좌선 중에 깨쳤다면 그에겐 깨칠 시절인연이 된 것이지 꼭 좌선 때문이 아니다. 좌선해서 도달한 이라면 길을 걷다가도, 떨어지는 나뭇잎이나 새싹 돋는 걸 보다가도, 거울을 보다가도, 짚신세벌이란 말에도, 어떤 기연을 통해서라도 열렸을 것이다. 그 툭 터진 때가 하필 좌선 중이었을 뿐이다. 그런데도 조금만 더 깊은 단계에 들어가면 깨달음에 도달할 거라는 헛된 믿음 아래 엉덩이에 붙는 굳은살로 실력을 삼으며 하세월하는 이들이 많다.

혹, 좌선 중에 열렸다는 이들은 하나의 몰입체험을 견성으로 착각하는 경우가 대부분이다. 이런 표현이 전부를 대변하진 못하겠지만, 예컨대, 우주가 텅 비어 나 하나로 가득한 느낌, 물아지경, 삼매상태에서 오는 굉장한 희열감을 깨달음이라 여기는 것이다. 이는 나를 잊을 때 오는 희열감으로 독서, 게임삼매 등 많은 삼매 중 하나며, 다소 고차원의 삼매체험일 뿐이다. 아무리 차원이 높아도 어떤 몰입이나 삼매상태 자체를 견성이라 하지는 않는다.

산삼인지 도라지인지, 지금 이 체험이 깨달음이 맞는지 아닌지 비교할 무엇이 없고, 그걸 증명해 줄 이가 없으니, 이게 바로 그건가 보다 하고, 고이 품게 된다. 시비를 논하려는 게 아니라 애먼 다리만 긁다 오히려 실상을 못 보게 하는 장애가 될까 저어되어 하는 말이다.

견성이 아닌, '어쩌다 마주친 그대'처럼 오는 이런 선체험은 다시 그 상태를 느껴보려 해도 뜻대로 되지 않는다는 게 특징이다. 자성으로 곧장 돌아갈 길을 모르니 자성반조가 불가능하다. 스스로 정확히 확인한 깨달음은 언제든 돌이키면 그 자리, 자성반조가 된다.

깨달음은 대체로 선각자의 글이나 말, 화두, 궁구, 사유 등 연구의 결과로 온다. 깨달음을 위한 서원 아래 화두를 놓지 않고 신분의성으로 계속하는 이는, 머지않아 무궁한 보물과 만능만지의 자리, 일원, 성품자리에 다 도달하게 되어있다. 사람마다 열리는 속도가 달라서 단 10분 만에 도달하는 이도 있으며 몇 년 걸린 이도 있어 케바케이지만, 놓지 않고 가면 다 된다. 좌선은 평생을 해도 견성으로 이어지는 경우를 보기 어렵다.

어느 구름에 비 들었을지 모를 일, '이게 대체 뭐지?' 궁구하며 계속 두드리면 너나없이 다 열린다. 어디를 어떻게 두드리면 되는지를 이제 곧 인도하려 하는데, 이게 너무 쉽고 싱거워 안 믿을 게 심히 걱정이라, 서론이 이토록 장황했던 것도 그 때문이다.

물맛과 견성

　'깨달음을 얻어야겠다는 필요성도 제법 느꼈고, 마음의 준비도 다 됐는데, 자 그럼 이제 뭘 어떻게 하면 되는거요? 어서 빨리 그 특별한 비법으로 나 좀 깨치게 해주시오.'

　아, 이거 참, 그리 쉽다고 큰소리 빵빵 쳐놨는데, 막상 이 간절한 눈빛들 앞에서 그걸, 더구나 말이 아닌 글로 설명하려니 참 막막하긴 하다. 자칫 맘대로 안 되면 금세 시들해지기 십상이니 욕속심도 불신도 다 금물이다. 간절한 화두 하나 툭 던져 놓고 강태공처럼 때를 기다리라. 시절인연이 되면 우주 가득한 대어가 탁 걸려들 것이다. 강태공은 종종 실패하지만, 서원으로 출발한 깨달음은 결코 실패하지 않는다.

깨달음 자체는 때가 되면 쉽게 일어나지만, 그걸 여차저차 일러서 그 자리에 도달하도록까지 인도하는 일이야말로, 세상 가장 어려운 일 중 하나니 말이다. 보이지 않는 것을 보이도록 언어로 표현한다는 게 그게 어디 쉽겠는가. 그런 까닭에 어찌어찌하여 자기 스스로는 알았어도 표현하는 것이 심히 어려워, 입 다물고 사는 이가 대다수다. 혹 그 자리를 말이나 글로는 잘 설명하는 이들도 종종 있지만, 마침내 상대방을 견성으로까지 이끌어 줄 수 있는 이는 드물고 드문 것 같다. 이건 명백히 자기 자랑이지만, 그 어려운 일이 내게 다 가능한 걸 보면 이건 필시 숙겁의 서원이지 이생일은 아닌 듯싶다.

그간의 경험에 의하면, 일대일로 인도하는 것이 견성에 가장 빠르고 효과적이다. 상대방 눈동자의 흔들림 하나 없도록 집중력을 지속시켜 깨달음에 이르게 하는 것이다. 그러기 위해서 개인 면담 신청을 받고 있다. 차선책으로 대중이 함께 참여해 일대일 같은 효과를 볼 수 있는 집합 깨달음 학교를 운영 중이다.

간절함이 지극하고 시절인연이 된 어떤 이들에겐, 깨달음에 대한 이런 적확한 글만으로도 턱 열리는 이들도 간혹 있을 것이라, 그러길 염원하며 써가는 글이다. 못해도 깨달음에 대한 간절한 발원 하나 일으켜 화두를 놓지 않고 살면 그것만으로도 여파는 엄청날 것이다.

자, 그렇다면 깨닫는다는 것은 대체 무엇인가? 깨달음, 즉 견성이란 '성품을, 진리를 본다, 혹은 깨닫는다'는 의미다. 깨달음이라는 말이 시중에서 가벼운 용도로 쓰이고 있어 원래 의미를 잘 담아내기 어렵다. 종교가에서 일컫는 깨달음의 비중은, 차라리 견성이란 말이 훨씬 더 적중할 것 같아, 좀 낯설고 부담될 수 있지만, 가급적 견성이라는 용어를 사용할 것이다.

깨달은 이는 성자나 중생이나 동일한 것을 본다. 위력의 크기는 달라도 같은 것을 본다. 살짝 찍어 먹었든, 저 호수 크기의 물을 한 번에 맛봤든, 물맛은 동일하다. 물맛도 동일하고, 그 물맛을 설명하는 것도 동일하기에, 정말로 맛본 이는 다 통하게 되어있다. 같은 것을 맛보기 때문이다. 여기서의 물을 진리나 성품으로 대입하면 된다.

　물을 직접 마시는 것, 즉 성품자리 자체를 직접 눈으로 보는 것이 견성이다. 만약, 한번도 물을 본 적 없는 이가, 그 효능과 필요를 알았다면, 물을 찾아 직접 마시는 것이 중요하다. 물에 대해 제아무리 많은 걸 듣고 이해한들, 물맛 자체를 알 수도 효능을 볼 수도 없다. 물을 이해하기보다 직접 마시는 쪽에 에너지를 쏟아야 한다.

　물을 잘 이해하려고 수고와 시간을 허비할 일이 아니라, 그냥 바로 마시는 길이 있다. 머리에 든 것이 없을수록 견성은 빠르며, 입력물이 많을수록 다시 걷어내야 하니 그만큼의 고된 수고를 감수해야 한다. 머리에서 찾지 말고, 눈앞 허공에 곧장 도달하라.

이것이 견성이다!

견성은 성리, 성性과 리理 두 방면을 해결하여 아는 것이다. 성리란 마음과 진리이다. 성자들이나 깨달음을 얻은 이들은 이 두 가지를 깨달은 것이다.

진리와 마음, 이 둘을 어떻게 깨달아야 할까. 진리를 깨닫는 건 어쩐지 나와 상관없거나 어려울 것 같고, 마음을 깨닫는 건 좀 가능할 것도 같은데, 둘 중 하나만 깨달으면 되나? 아니면 마음을 먼저 깨닫고 차차 진리를 깨달아야 하는 건가?

머리 복잡할까 싶어 먼저 답을 드려야겠다. 일단, 진리와 마음 둘 중 하나만 깨달으면 된다! 하나만 깨달으면 하나는 절로 해결되는 원 플러스 원 세트상품,

아, 아니다. 취소! 하나를 깨달으면 나머지는 같은 것임을 알게 된다고 하는 표현이 더 맞겠다. 이것과 저것이 같다는 것이 아니라, 하나에 이름이 두 개 붙은 것이다! 둘을 꿰매 하나로 만든 것도 아니고, 둘을 포개놓은 것도 아니며, 밀가루 반죽 두 덩어리를 한 덩어리로 만든 상태도 아니다.

그냥 하나를 놓고 진리라고도 이름 붙이고, 마음이라고도 이름 붙이고, 다른 다양한 이름으로 부르는 것이다. 우주에 가득한 이 텅 빈 것이 진리이고 마음바탕 성품이다.

이쯤 되면 지금 아마도 머리가 무척 바쁠테지. 여기저기서 듣고 배운 것들을 이리저리 짜맞추며 이해하느라 엄청 복잡할 거다. 머리로 이해하려 하거나 입으로만 하나다, 하나다 읊어봤자 깨닫긴 글렀다.

언어 너머의 그 지칭하는 상태 그대로가 되어야 한다. 진리와 마음은 동일자다! 그냥 온전히 믿고 내맡기고 받아들여 보라. 진리와 마음은 하나다! 눈을 감고 내 머리를 우주 크기로 확대해 우주 전체가 머리가 되도록 해보라. 형상 없는 머리가 우주 전체에 가득하게 하라. 모든 존재는 개별 머리가 없다.

진리와 마음은 동일한 것이니, 우주(진리)가 바로 마음이요, 머리이며, 나임을 믿으라~ 느끼라~ 받아들이라~. 온 우주에 마음이 가득한 상태, 천지여아 동일체다! 천지天地는 진리, 아我는 마음이다. 천지와 나는 하나다! 머리로 말고 그냥 믿고 우주로 온전히 뛰어들라. 이 언어를 100% 받아들이며 그대로 믿은 이는 이미 깨달음이 일어났을 수도 있다!

믿음이 전부다. 믿는 순간 바로 그 자리다. 믿음으로 도달 못한 이는, 다시 신분의성信忿疑誠을 계속하라. 믿고 행하기를 놓지 않고 두드리면 반드시 열린다! 이해하려 말고 눈앞에 훤히 드러날 때까지 위의 언어들을 계속 믿으며 두드리라. 반드시 '나 여기있소' 하며 드러나게 되어있다! 전생 인연이 있는 이는 빠를 것이요, 이제 출발하는 것이라면, 어차피 영생이니 욕속심낼 것 없이 뚜벅뚜벅 신분의성으로 계속 가라.

우주적 진리와 인간적 마음이 나눠 있다고 견고히 믿고 지금껏 살아왔을 게 뻔하다. 오직 인간들만이 이 둘을 구분해 진리와 인간이 다르다고 설정(착각)하고,

그 개똥철학을 못 버린다. 여기까지가 나요, 저것은 진리라며, 잘리지도 않는 허공을 자르는 헛스윙을 우스꽝스럽게 계속해 대면서, 내가 누군지도 모르면서 '나 잘났다' 목에 힘주고들 산다.

진리와 나는 같다! 아이들은 '이런 거야' 하면 '그렇구나' 즉각 믿어 그 상태가 된다. 머리로 이해해 다 안다는 병 때문에, 성자들의 말씀이 경전 속에 소외되고 박제된다.

성리란 우주만유의 본래이치(진리)와 우리의 자성원리(마음)를 해결하여 아는 것, 견성은 견성리見性理다. 여전히 오리무중인가? 한술에 배부를 수 없을 터이니 걱정 말고 계속 힘내자.

이것이 일원이다!

　저 일원에 대해 알고 있는가. 동그라미가 무엇인지 알기 쉽게 말할 수 있는가. 왜 일원을 알아야만 하는가. 나와 내 삶과는 무슨 상관이 있는가.

　이런 것 생각도 하지 않고 그냥 신앙생활 하다가, 갑자기 이런 질문 받으면, 무슨 답을 할까 적절한 표현을 찾느라 순간적으로 머리가 하얘질 것이다. 약간 억지스럽다 여기면서도 열심히 찾아낸 답은 마음이다, 진리의 상징이다, 우주만유의 본원이다, 공적영지심이다, 모나지 않은 마음이다, 대충 이런 것들이다.

　저 동그라미 자체가 그것인가. 내 마음이 왜 저 동그라미 속에 있는가. 우주만물이 어떻게 저기에 다 들어가는가. 이렇게 질문하면 어이없다는 듯 픽 웃으며, 그건 그냥 상징이라고 자신 있게 답할 것이다. 그럼 상징 아닌 진짜는 어딨는가. 이런 질문에는 잠시 머뭇거리다 가슴을 두드리며 여기 있다거나, 두 팔을 벌려 전체에 있다는 몸짓을 보일 것이다.

저 둥근 일원상은 진리의 상징, 진리의 사진이다. 여기서 상징이고 사진이란 말을 잘 새겨야 한다. 진짜 진리는 따로 있단 뜻이다. 객지에 나와 있는 내가 엄마의 사진을 벽에 걸어놓았다면, 진짜 엄마는 사진 속에 있는가, 집에 계신 분인가. 당연히 엄마의 사진은 엄마가 아니다. 사진은 진짜 엄마를 떠올리는 계기이고, 진짜 엄마는 따로 있다. 평상시에 잊고 살다 사진을 보는 순간 고향에 계신 진짜 엄마가 생생히 떠오른다. 사진에 용돈 드리고 사진에 옷 사드리는 것이 아니다. 사진은 사진이고 진짜를 찾아 거기에 보은해야 한다.

동그라미 일원은 진리의 사진이다. 진짜 진리는 따로 있다. 진짜를 찾아야지 평생 사진 앞에 절하고 사진만 신봉하면 안 된다. 진짜를 알고 진짜를 찾아서 거기에 불공하고 그 자리를 떠나지 않는 수행을 해야 한다.

진짜 진리는 무엇인가. 진리는 어디에 있으며 어떻게 생겼으며 무엇을 하고 있는가. 일원상 사진 말고 진짜 진리는 무엇인가. 진리가 무엇인지 지금부터 잘 듣고 느껴보라.

그 추운 겨울이 지나고 무언가가 기온을 바꿔 새싹을 밀어 올린다. 무엇이 그렇게 만드는가. 무엇으로 인하여 봄이 되고, 더운 여름이 되게 하고, 찬바람이 불게 만들고, 겨울이 되게 하는가. 무엇이 기온을 바꾸며 춘하추동 사시로 천지를 변화시키는가. 무엇이 밤낮을 번갈아 돌게 하는가. 무엇이 우주 전체를 성주괴공으로 운영시키는가. 무엇이 일체 무정물을 생주이멸하게 만드는가. 무엇이 모든 생명체를 태어나게 하고 자라게 하며 병들고 죽게 만들며 또다시 태어나게 만드는가.

나는 이때다 하면서 스스로 태어났는가, 무언가에 의해서 태어나졌는가. 내가 자라나야지 하며 자라는가, 무언가에 의해서 저절로 성장되어지는가. 병들려고 해서 병이 드는가, 저절로 병이 생기는가. 죽으려고 해서 죽는가, 때가 되면 저절로 가게 되는가. 당연히 무언가에 의해 생로병사 되어진다. 되어진다는 것은 그렇게 되도록 만드는 무언가가 있다는 뜻이다.

  그 알 수 없는 무언가를 생생히 느끼는 것이 깨달음의 단초가 된다. 말로 표현할 수는 없는데 무언가가 분명 있음을 느꼈다면 일단 됐다! 찰나 간에도 쉬지 않고 일체만물을 동시에 운영하는 것, 성주괴공 생로병사 생주이멸 춘하추동 하게 만드는, 보이지 않는 무언가의 존재를 느꼈다면, 당신은 매우 지혜로운 사람이라, 반드시 깨달음의 순간이 올 것이다! 혹자는 아무리 설명해도 도통 무슨 말인지 아무 감각 없다는 경우도 종종 있으니 말이다!

이것이 법신불이다!

여기저기서 봄꽃들이 툭툭 꽃망울을 터트리며 마음 설레게 하는 시절이다. 어떤 분이 단단한 땅을 뚫고 올라온 수선화 새싹을 보며, 이것이 바로 위대한 진리의 작용이라고 신기한 듯 말한다. 수선화 새싹이 위대한 진리작용인 것은 알면서, 당신의 움직임은 위대한 진리작용 아니냐고 되물으니, 무슨 말인지 몰라 벙찐 얼굴로 바라본다. 꽃만이 아니라 인간인 그대, 허공법계 일체 만물 먼지 하나도 빠짐없이, 위대한 진리의 나타남이며 작용인 것을 …

우주만물과 허공법계를 성주괴공 춘하추동 생주이멸 생로병사하게 만들며, 일시에 운영하는 어떤 위대하고 어마어마한 힘이 있음을 느낄 것이다. 우리는 그것을 일원, 진리, 법신불이라고 부르고, 다른 곳에서는 신, 하나님, 천주님, 천지신명, 부처, 알라 등등 다양하게 이름을 붙여 부른다. 허나 어떤 이름도, 어떤 상징도 이 자체는 아니다. 단지 이름일 뿐이다. 이름이나 상징 말고 그 자체를 절절히 느끼고 궁구하여, 궁극에는 그 자체가 되는 것이 핵심이다. 어떤 언어로도 이것 자체를 설명할 길이 없고, 언어나 상징이 그 자체는 아니니 언어도단, 언어명상이 돈공한 자리다. 이름하여 일원이며 진리이며 신일 뿐이다.

다시 그 세계로 계속 들어가 보자. 당부컨대 제발 머리로 이해 말고, 실제 그 자리가 드러나도록 따라오라. 머리로 진리 논하기를 즐기는 이들은, 엉뚱한 것을 붙잡고 옳다고 고집부려, 깨닫기 어려운 가련한 중생인데, 아무리 호통을 쳐도 본인에게 하는 줄을 모른다. 지혜로운 그대는 텅 비워 오롯하게 느끼며 오라.

그럼, 일원은 어디에 있는가. 진리는, 신은, 하나님은 어디에 있는가. 어디에 따로 있다고 말할 수 없다. 어디에나 있다. 모든 곳에 가득하게 있다. 편재해 있다.

무소부재하다. 없는 곳이 없다. 없는 곳이 없다는 이 말을 항상 기억하라. 없는 곳이 없다면 일체 만물에 가득하다는 뜻이다. 먼지 하나에도 가득하다는 뜻이다. 어느 털끝 하나도 비껴가지 않고 가득하다는 뜻이다. 없는 곳이 없다는 말의 본의를 꿰뚫어야 한다.

없는 곳이 없으려면 일체가 텅 비어 있어야만 이 말이 가능하다. 어느 작은 알갱이도 물질 상태로 견고히 있다면 무소부재하지 않게 된다. 일체가 텅 비어야 없는 곳이 없음이 성립된다. 일체는 진리적인 눈, 깨달음의 눈으로 보면 텅 비어있다! 일체는 본질적으로 물질이 아니며 텅 빈 에너지만 있다. 텅 빈 우주에 진리, 신, 법신불, 하나님이 무소부재하게 가득 찬 상태로 만물을 운영한다.

일체는 다 텅 비어있으며, 온 우주가 통으로 텅 비어있다. 통으로 텅 빈 것이 우주에 가득하여 어디에서도 단절되거나 잘라짐이 없다. 온 우주는 텅 빈 한 몸이다. 텅 빈 한 몸, 진짜 몸, 법의 몸, 하나로 있는 이 텅 빈 몸을 법의 몸, 즉 법신불法身佛이라고 부른다. 일원은 법신불이다. 법신불은 어디에 따로 있지 않다. 일체에 가득하다. 법신불 아닌 것이 없다.

　일체 만물은 법신불의 구성요소, 비유하자면 법신불의 세포다. 세포의 기질은 허공과 물질과 유정물이 다소 차이가 있지만, 허공을 통해 일체 기질은 하나로 이어져 한 몸, 법신불을 이룬다. 법신불의 위치에서 모든 것을 하는 것이 핵심이다.

　법신불, 진리, 하나님, 신, 일원, 부처는 어디에 있는가. 우주만물 허공법계 일체가 법신불 아님이 없다. 그러니 똥막대기라 해도 꽃 한 송이를 들어도 뜰앞의 잣나무를 지칭해도 허공을 가리켜도 일체가 다 법신불 아님이 없다! 수선화 새싹이나 그대나 위대한 법신불 진리작용 아님이 없다니까요.

모두가 신이다!

　'나는 신이다' 요즘 아주 뜨거운 이슈가 되고 있는 금기어다. 이번 글 제목을 이 명제로 정할 예정이었는데, 하필 이 시기에 회자되다 보니 희화화될 것 같아, 쓸 수도 없고 아니 쓸 수도 없어 대략 난감이다. 위대한 이 용어가 사용자의 의식수준 따라 정확한 진리 표현이 되기도 하고 망나니 칼춤 추는 헛소리가 되기도 한다. 누구는 신이고 누구는 신의 피조물이라고 믿는 굳은 신념 때문에, 깨달음의 길이 막혀 영생을 헤매는 불운한 이들이 많다. 내가 신이니 나를 섬기라는 장난질로 악행을 저지르는 이들은, 영생토록 그 무서운 벌을 어찌 다 받으려나. 우매함과 가련함이 실로 한량없다.

신은 따로 없다. 별도의 신을 섬기거나 칭한다면 그건 사기다. 그런 신은 없다. 일체가 신 아님이 없고, 하나님 아님이 없고, 법신불 부처님 아님이 없다. 티끌 하나, 유정 무정 일체만물 허공법계가 신 아닌 것이 없고, 부처 아닌 것이 없이 처처불상이다. 일체가 하나님이요 신이며 법신불이요 진리다. 나무가 신이요 내가 신이며 이것저것이 다 신이요 신 아닌 것이 없다. 이 말을 지금 오만 번은 더 했을 텐데 지금도 대충 고개만 끄떡이며 넘어가는가. 글자 너머를 온전히 천천히 느끼면서 그렇지~ 하고 가슴 깊이 믿으라. 믿음이 깨달음의 결정타다. 그 위대한 신이 바로 난데, 이 엄청난 말씀에 가슴이 벅차게 두근거리고 눈물이 쉴 새 없이 흘러야 실제로 믿는 상태지, 그렇지 않다면 무용지물인 머리창고만 채우는 꼴이다.

일체는 법신불을 구성하는 세포다. 세포가 내가 아니다. 나는 세포 안에 들어가 있는 작은 존재가 아니다. 세포가 내가 아니라 전체 법신불이 통으로 나다. 법신불은 어디에서도 나뉘지거나 잘라지지 않는다. 세포 에너지와 허공 에너지가 단절 없이 하나로 엮인 인드

라망이다. 온 우주가 신령하고 텅 비었으며 하나로 툭 열린 에너지 덩어리다. 우주는 통으로 법신불이다. 일체 세포들은 알든 모르든, 법신불인 온 우주를 통째로 자기삼아 존재한다. 전체 법신불이 통으로 나며 세포 하나가 전체다. 내가 곧 법신불이며 법신불이 곧 나다.

전체가 나이므로 일체만물이 모두 나다. 남에게 한다고 하는 것이 법신불 자리에서는 다 내게 하는 것이라, 내가 너에게 무엇을 해줄 수가 없다. 손이 수저를 들어 입으로 밥을 넣어주는 것은, 내가 남에게 밥을 먹인 것이 아니듯, 법신불 하나밖에 없는지라 일체만물을 위한 어떤 행위도 다 나를 위한 일이다. 이 우주에 나밖에 없고 나의 일 아닌 것이 없으니 누굴 위해 뭘 해줬다는 상을 낼 것도, 섭섭할 것도, 상처받을 것도 없다. 모두가 위대한 신 아님이 없으니, 우주 안 어디에도 함부로 해도 될 존재는 없다.

중국 선종 5조 홍인대사는 일곱 살 때, 4조 도신이 있는 절에 들어가, 불상을 향해 오줌을 갈겼다. 이를 본 스님들이 기겁을 하며, 부처님 앞에서 오줌을 누면 큰 벌 받는다고 호되게 야단을 쳤다. 홍인은 미동도 없이,

'부처 없는 곳을 일러주면 그곳에 오줌을 눌 것이요, 부처 없는 곳을 일러주지 못하면, 계속 여기 불상 앞에 오줌을 누겠노라' 한다. 스님들이 기가 막혀 도신 큰스님께 고하니, 껄껄 웃으며 제자로 삼아 대를 이었다.

부처 없는 곳, 부처 아닌 곳을 일러줄 수 있는가. 따로 신을 만들어 신 아닌 것과 둘로 나누고 있다면 사이비요, 모두가 신임을 말한다면 그가 참이다! 일체처 일체물 일체허공법계 모두가 신이다. 입 아프도록 반복하고 있는 이 쉬운 말을, 여적지 가슴으로 훅 못 받아들인다면 그게 더 어려운 일일 것 같은데!

개령은 없다!

 꿈도 없이 깊이 잠들 때가 있다. 그때는 모든 의식이 끊어진다. 그런데도 어떻게 알고 계속 숨을 쉰다. 의식이 없는데도 들이쉬고 내쉬기를 정확히 알고 반복하다니! 어떻게 그게 가능한가. 나는 의식이 없는데, 누가 들이쉬고 내쉬기를 하고 있는가.

 의식 너머에 정확한 간격으로 숨을 쉬게 만드는 무언가가 있다! 의식이 없는데 오장육부가 작동되게 하며, 알아서 소화를 시키고 모든 세포를 운영하는 어떤 주관자가 있다. 어떤 이는 무의식이라 부르기도 한다. 눈을 떠 움직이고 있을 때에는, 내 의지로 내가 작동시킨다고 여길 수도 있다. 사람들은 별생각 없이, 자기가 모든 것을 자기 의지대로 움직이고 있다고 믿으며 산다. 지혜가 부족한 이는 이런 근본지혜가 필요한 부분을 다룰 때면, 꽉 막혀 멍해지거나, 들으려고도 하지 않는 경향이 있다. 이런 질문에 바로 의심이 딱 걸리며 궁금해지는 마음을 낸다면, 지혜가 밝아 깨달음의 준비가 된 이들이다.

깨닫지 못한 보통 중생들은, 생각 감정 분별 의식 같은 정신적 측면과, 이 육체를 합해 자기라고 믿고 산다. 이것 또한 내가 아닌 것은 아니지만, 깨닫지 못한 상태에서는 이 헛것만을 자기라고 설정하여 애지중지 모시고 산다. 사실 내가 아는 나는 내가 아니다. 나는 그것을 포괄한 지극히 위대한 어떤 것이다.

우리의 마음은 두 가지 차원이 있다. 생멸하는 마음과 생멸 없는 마음이다. 일어났다가 사라져가는 마음과, 생멸 없이 계속되는 마음이 있다. 생각 감정 정신 마음 의지 의식은 다 일어났다 사라지는 생멸하는 마음이다. 이런 생멸하는 마음을 개령, 수상행식이라 한다. 끊어짐이 있는 것은 나로 삼을 수 없으니 無수상행식이다. 즉, 개령은 내가 아니란 뜻이다.

꿈도 없이 잠잘 때는 모든 의식이 다 끊어져 있다. 정신도 의식도 생각도 감정도 분별도 나라는 관념도 없는데, 여전히 나는 계속된다. 온갖 의식이 끊어져 있는데, 계속해서 육근을 운영하고 있는 바탕마음이 있다. 여여하게 계속 배경으로 있으면서, 생멸하는 마음을 일어나고 사라지게 만드는 바탕마음을 심지, 성품, 자성, 본성, 체성이라 한다. 깨달음, 즉 견성은 이 생멸 없는 마음, 성품을 본 것이다. 이 생멸 없는 성품을 찾는 일이 최우선이다.

대부분의 마음공부는, 생멸하는 마음만을 다루기 때문에, 깨달음이 일어날 수 없다. 깨달음을 얻은 후 생멸하는 마음을 다스려야 맞다. 생멸하는 마음을 아무리 다스려도 깨달음은 얻어지지 않으니, 오염수라 한다. 생멸 없는 마음을 깨닫고 난 후, 생멸하는 마음을 다스리는 것이 참 수행이다. 생멸하는 마음을 개령, 생멸 없는 마음을 대령으로 보면 된다.

영은 하나의 법신불이라 개령으로 나눠지지 않는다. 텅 빈 허공이 어찌 나눠질 수 있는가. 개령이 따로 있다고 믿어 나와 너, 일체를 나누기 때문에 모든 고통이 발생한다. 견성은 개령이 따로 있지 않고 대령만 있음을 아는 것이다. 소가 곧 대며, 개령이 곧 대령이다. 분리된 개령은 없다. 그냥 하나임을, 따로 없음을 믿으면 곧장 깨달음이다. 물방울이 곧 바다다. 어느 물방울도 바다를 떠날 수 없고, 바다는 물방울 없이 존재하지 않는다. 일체만물은 물방울(개령)이 아니라 바다(대령)다.

일원은, 본원이며 심인이며 성품이다. 일원과 성품은 동일자다. 성품(나)이 곧 일원이며 신이다. 일원상의 진리 첫 소절에 대명같이 탁 밝혀주신 걸, 맨날 진리를 믿는다 말은 하면서, 실상 머리로 이해만 하지 믿질 않는다! 진실로 믿었다면 견성은 식은 죽 먹기였을 터!

산은 산이요 물은 물이로다!

　산은 산이요 물은 물이로다. 성철 스님의 저서로 인해 유명해진 깊고 명쾌한 말씀이다. 시중에서는 그 뜻도 잘 모르면서, 좀 있어 보이려 하는 이들이 자주 인용하곤 한다. 대부분 사람은, 산은 산이고 물은 물이지 그럼, 산이 물이고 물이 산이겠냐며 비싼 밥 먹고 하나마나 한 별 실없는 소릴 한다 할 것이다.

　이 말씀은 원래 '산은 산이요 물은 물이로다, 산은 산이 아니요 물은 물이 아니로다, 산은 산이요 물은 물이로다'에서 마지막 단계의 산과 물을 말씀한 것이다. 세 단계로 이뤄진 이 말씀은 진리를 깨쳐가는 과정을 잘 보여준다.

첫 단계는 깨달음이 일어나기 전, 일반 중생의 견해로 보는 세상의 모습이다. 세상 사람들은 거의 다 이 수준에서 일생을 살다 간다. 산은 산이요 물은 물이며, 이것은 이것이고 저것은 저것이며, 너는 너고 나는 나며, 모든 것을 다 분리된 개별적 존재로 여기며, 상대적인 세상만 보고 산다. 자기의 근원에 대해서는 의문도 관심도 노력도 없이 평생 가련하게 허상만을 위하다 간다. 앞서 별 실없는 소리라고 말했던 이들이 사는 전도몽상의 세상이다.

깨달음이란 이런 일상적 인식, 세상만사를 육안으로만 보는 시각에 제동을 걸면서 시작된다. 어라, 산이 산이 아니고 물도 물이 아니며, 내가 알던 내가 진정한 내가 아니네! 이걸 확 깨닫는 것이 견성의 첫 단계다. 일체가 하나로 텅 비어 너와 나, 산과 물이 하나임이 훤해진다. 일체가 텅 빈 하나 자리, 우주만물이 이름은 다르나 둘이 아닌 자리를 안다. 산이 공하여 따로 분리된 산이 없고, 물 역시 공하므로 따로 분리된 물이 없으며, 일체만물이 또한 그러함을 꿰뚫은 상태다. 전 우주에 따로 분리된 것은 아무것도 없으며, 우주가 통으로 텅 빈 불생불멸한 진리를 본 단계다. 일체가 텅 빈 진공의 경지를 정확히 봐야, 비로소 견성의 다음 단계로 나아갈 수 있다.

성철스님의 '산은 산이요 물은 물이로다'인 경지는, 진공이 드러내는 묘유의 모습, 정확하게 인과보응하는 세계를 말씀한 것이다. 이때의 산과 물은, 진리를 떠나지 않은 채 온전히 드러나 있는, 진리의 위대한 작용임을 본 것이다. 우주만물이 작용한 대로 정확히 드러나는 인과의 세계를, 손바닥 안의 구슬같이 훤히 들여다본 경지다. 진리는 산과 물, 나와 너, 우주만유를 통하여 무시광겁에 은현자재함을 깨친 단계다.

진리는 진공의 측면과 묘유의 측면이 같이 있음을 봐야 참 깨달음인데, 텅 빈 자리만 관하다 공 자리에 빠지는 경우도 있다. 일체가 다 텅 비었으니, 옳고 그른 게 어딨냐며, 인과도 없으니 되는 대로 막살아도 상관없다며, 이걸 무애행이랍시고 떠드는 괴짜도 간혹 있다. 혹은, 이 나는 내가 아니며 텅 비었다는 말만 듣고, 내가 없어지면 허망해 어떡하냐며, 깨칠 생각은 않고 지레 겁부터 먹어 도망치는 이들도 있다.

그러나저러나 일단 한번 잡숴보고 말을 하시라. 알아야 면장을 한다고, 알아야 수행도 하고 성불도 하고 신앙도 하고, 일체 괴로움을 벗어나 자유도 얻을 것 아닌가.

깨친 이들이 물 긷고 나무 운반하는 일체 육근동작은, 자성을 떠나지 않은 신통묘용의 수행이며, 일반인들의 노동과 겉보기엔 같아도 천양지차 불가사량이다. 일체가 진리 아님이 없고 진리의 나타남 아님이 없으니, 저 산도 물도 더할 나위 없이 온전하며, 너 또한 그러하다. 실상을 보지 못하고 머리로만 진리를 이해하는 이들이 어찌 감히 상상이나 할 경지겠는가!

밥 먹기보다 쉬운 일

세상에 밥 먹는 일처럼 쉬운 게 있을까. 밥은 그냥 저절로 들어가니 일이랄 것도 없다. 갓 태어난 생명체들을 보라. 눈도 못 떴는데, 어찌 알고 어미젖을 찾아 잘도 먹는다. 먹는 일은 누가 시키지 않아도 본능적으로 되는 세상 쉬운 일이다.

과연 밥 먹는 일이 쉬울까? 아니다. 밥 한술을 먹을 때, 몸 전체는 유기적인 협조체제로 정밀한 노동을 시작한다. 눈으로 보고 숟가락 젓가락질을 수없이 반복해야 하고, 씹고 삼키느라 입과 치아와 목구멍은 풀가동된다. 위장과 각 장기들 역시 정교하고 반복적인 노동을 통해 소화와 흡수, 배출까지 준비해둔다. 아참, 혀의 노동도 빠지면 섭하지.

밥하나 먹는 것은 쉬운 일이 아니라, 온몸이 총동원되는 엄청난 일이다. 숨쉬기도 마찬가지, 들숨 날숨을 빈틈없이 반복하며 코와 폐를 비롯해 온몸이 동원된다.

세상 쉽다는 밥 먹기 숨쉬기보다 더 쉬운 일이 있으니, 그건 바로 도를 깨치는 일, 견성하는 일이다. 물론 안 믿는다는 거 다 안다. 근데 왜 이걸 그리 쉽다 하신 걸까. 깨달음이 일어나는 순간은 신체의 어떤 움직임도, 그 어떤 시간도 필요하지 않기 때문이다.

깨달음은 단지 '생각 하나만 탁 바뀌면 되는 일'이다. 생각 바꾸기는 밥 먹는 일과 달리, 어떤 움직임도 시간도 필요하지 않다. 그동안 잘못 주입된 생각을, 살짝 바꾸면 곧 깨달음이다. 기존의 생각을 새 생각으로 바꿔치기, 이것이면 끝이다. 이 얼마나 간단하고 쉬운가.

이 쉬운 일이 왜 그렇게 어렵다고만 여겨져 온 걸까. 그건 오류로 주입된 생각 하나가 굳게 막고 있어서 그렇다. 깨달음은 단지 한 끗 차이, 생각의 문제다. 고정된, 잘못된 생각 하나가 딱 버티고 있어서 깨달음을 막고 있다. 그건 바로 '나에 대한 생각'이다. 다생을 이

어오며 '이것이 나다', '따로 존재하는 내가 있다'고 믿어 왔다. 그 나는 실재 있는 것이 아니라 허상이며 오답이다. 깨달음은 '나에 대한, 이 잘못된 생각 하나 돌리는 일'이다.

그 생각을 어떻게 돌리란 말인가. '내가 따로 있다'는 생각을 털어내고 '전체가 나다'라고 믿으면 끝이다! 100% 믿음을 갖고 이것을 강력하게 선언하라. 믿고 선언하기를 깨달음이 올 때까지 반복하라. '전체가 나다'라고 강한 믿음으로 되뇌다 보면 깨달음의 순간이 반드시 온다!

따로 있는 나는 없다. 이 허공이, 진리가, 신이 바로 나다. 나는 몸속에도 있고 허공에도 있다고 하지 말라. 그러면 내가 둘이 되지 않는가. 나를 둘로 나누는 이 생각이 관건이라, 아무리 애써도 깨달음은 일어날 수 없다. 여기와 저기를 가리키지 말라. 나는 둘이 아니다. 나는 온 우주에 통으로 존재한다. 몸속에 따로 있다는 생각만 지우면 된다. 신이 바로 나이니 생각을 우주로 툭 터버리라. 내가 곧 천지요 천지가 나며, 천지와 나는 같은 것, '천지여아동일체'임을 곧장 믿으라! '너는 어디에 있냐' 물을 때, 몸 쪽으로 손이 향하거든, 팔과 손을 생각으로 잘라내라. 우주 허공을 가리키며, 허공이 나임을 믿고 내맡기라.

 몸을 툭 터서 전체 허공에 가득하게 하라. 허공이 나이니 늘 우주 허공을 반조하라. 허공은 텅 빈 맹한 깡통이 아니라, 전지전능한 위대한 허공이며, 그것이 곧 나다. 지금 눈앞 허공을 나라고 믿어서 생각하나 바꾸면 즉시 깨달음이다. 나는 전체 허공에 가득하고, 오직 그것만이 나라고, 믿고 되뇌고 되뇌라. 툭 열리는 순간이 당신에게 반드시 온다! 생각 하나 바꾸는 일은, 어떤 시간도 움직임도 필요치 않으니, 견성은 실로 밥 먹기보다 쉽다!

나는 전지전능하다!

　티베트 어느 절엔, 얼굴이 거대한 눈 하나만으로 된, 괴이한 불상이 있다. 온 우주 허공법계가 다 보고 다 알고 있으니, 진리의 위력을 거대한 눈으로 표현한 것이다.

　주변에 보면 머리가 참 좋은 사람들이 있다. 기억력이 꽝이라 금방 들은 것도 돌아서면 잊어버리고, 몇 시간 실컷 이야기를 나누고도 다시 만나면 기억을 못 하는 내겐 경외의 대상이다. 기억력과 판단력이 탁월한 이들이 아는 세계는 대체 어느 정도일까. 부러우면 지는 건데 심히 부럽다.

　인간의 인식은 제아무리 많이 알고 최고의 지능을

가졌어도 유한하며 극미하다. 무엇에다 어떤 이름 하나 붙여놓고, 그걸 다 안다고 하는 딱 그 정도 수준이다. 여기 꽃 한 송이를 보여주며 '이것이 무엇인지 아느냐' 물으면 자신 있게 '장미'라고 답한다. 그 이름과 모양, 생태 등을 안다 해서, 그 존재를 진정으로 아는 것인가. 세상 모든 사전을 다 외운 사람도 개미 한 마리조차 그 실상을 알 순 없다. 우리는 그 무엇도 실상 그 자체를 알 수 없다. 중생들의 아는 것은 한정된 지식이나 주견일 뿐, 그 실상 자체는 불가사량이며 불가지다.

인지가 낮은 이는 함부로 대하는 사람이나 상황을 인식 못하니 인과가 발생하지 않는 것 아닐까. 천만의 말씀. 당사자의 기억이나 인식 너머 훤히 보고 알이 정확히 다 되갚는 전지전능한 힘이 있다는 사실! 완전무결하여 오류 없이 다 보고 다 아는 진리, 공적영지심이 있다.

텅 빈 허공은 일체를 다 보고 아는 자다. 텅 빈 우주에 가득한 진리CCTV와 진리계산기는 쉼 없이 다 지켜보고 다 알아서 호리도 착오 없이 계산한다. 혼자만의 은밀한 마음 움직임이나 행위도, 모든 관계 속에서 일어난 일도 찰나 간에 계산이 끝나 정확히 현실로 드러내 준다. 이것이 소위 인과다. 세간에서 사용되는 인과에 대한 개념은 다소 부정적인 뉘앙스로 오염되어 있기에 묘유, 혹은 작용과 드러남으로 표현하는 것이 중립적인 표현이다.

진리는 일체를 작용한 대로 드러내 준다. 일체의 드러남은 그 누구의 탓도 아니며, 그러하게 했으니 그러하게 드러난 것이고, 시절인연 따라 때가 되면 계속 드러날 것이다. 털끝만큼도 더하거나 빼는 일은 있을 수 없다. 지극히 밝고 지극히 정성하고 또한 지극히 공정하여, 어느 찰나도 쉼 없이 보고 계산해 드러내며, 누구라고 더 예뻐하지도 미워하지도 않고, 작용한 그대로만 척척 무심히 드러낸다. 진리에는 뇌물도 권력도 통하지 않는다.

일원이며 법신불이며 신이며 진리이며 성품인 나는, 만능만지 전지전능한 어떤 위력이다. 모든 능력, 만능을 갖추고 있는 나는 태어나게 할 수도, 자라게 할 수도, 죽게 할 수도 있다. 색과 향과 모양을 낼 수도, 보고 호흡하고 듣고 걷고 씹고 맛보고 소화시키고 웃고 울고 생각하고 화내고 인식하고 잠자고 깨고 날고 기고 싹틔우고 열매 열고 눈비 오고 바람 불리고 성주괴공 생로병사 춘하추동 생주이멸 일체의 작용과 드러냄을 내가 다 한다.

나는 무소부재하며 전지전능하니, 일체 존재의 나타남 자체가 나의 모습이며, 일체의 작용 또한 나의 위력이다. 인과는 작용한 대로 드러내 주는 묘유며, 다 보고 다 알아서 다 보응하는 나의 역량이고 또한 동시에 일체 우주만물의 역량이기도 하다. 어느 곳 어떤 것도 전지전능한 위력을 지닌 부처님 아님이 없으니, 개미 한 마린들 함부로 대할 일이 아니다.

나는 허공 가득한 눈 없는 눈이라, 다 보고 다 알아서 다 보응하니, 세상천지 숨을 곳도, 누굴 향해 억울하다 항변하고 하소연할 것도 없다. 온 천지에 오직 나 하나뿐이니 …

주인장 납시오

견성은 쉬우나 수행은 장난이 아니다. 깨달으면 바로 힘이 생겨 변화가 일어날 거라는 기대는 애초부터 내려놓는 게 신상에 좋으리라. 그렇잖음 제풀에 꺾여 넘어질 게 뻔하다. 아~주 오랫동안 어두웠다 밝았다를 반복하며, 깨닫기 전이나 후나 겉으로 별반 달라지지 않는 것이 일반적이다. 깨달은 자리는 명확한데 자성이 드러나는 시간은 감질나게 짧다.

수행이란 성품을 깨달은 후, 자성반조를 하고 하고 또 하는 끝없고 지난한 여정임을 알아야 한다. 무명업장은 보란 듯이 여전히 힘이 장사고, 자성의 드러남은 심히 미약하다는 것을 처음부터 받아들이고, 긴 호흡과 인내심으로 소처럼 뚜벅뚜벅 홀로 갈 폭을 잡으라. 견성은 초년에 쉬이 마치고, 그 어려운 삼대력을 얻기 위해 스승을 찾고 삼학수행을 하는 것이 견성성불의 과정이다.

이론상으로 진리를 접한 이들이 대체로 하는 말이, 알긴 다 알겠는데 실천이 잘 안돼 걱정이란다. 알긴 뭘 알아요~ 진리를 깨치고도 실천이나 변화가 멀고 어려운데, 하물며 눈도 못 뜬 이가, 목적지가 왜 빨리 안 나오냐며 실망스럽다 하니, 참 뭐라 해줄 말이 없다. 실천 걱정일랑 접어두시고, 우선 칠흑같이 어둔 무명의 눈부터 뜨시는 게 좋을 듯합니다만.

기질변화가 잘 되고 실천으로 이어진다 해서, 그 사람이 수행을 잘하는 것은 아니다. 깨달은 이늘이 바로 기질변화가 되지 않는 경우도 많고, 깨닫지 못하고도 기질변화가 잘되는 이들도 있으니, 실천이나 변화의 여부로 깨달음의 여부를 알 수 있는 건 결단코 아니다. 깨달은 이라야 상대의 깨침 여부를 알아볼 수 있다. 견성 못한 이들이 하는 수행은, 똑같이 견성 못한 이들이 보기에 훌륭해 보여도, 눈 못 뜬 이들끼리 두 팔 앞으로 뻗어 더듬으며, 좀 더 앞서가는 이들을 찬양하는 격이다.

자성을 깨달은 후 주인인 자성이 얼마나 드러나도록 하는가가 수행의 요체다. 자성은 주인이고, 삼독심 기질은 객심이며 도둑이다. 무늬만 주인이지 아무 힘이 없는 상태가 바로 견성 직후 모습이다. 기질이 잘 변하지 않고 삼대력 얻는 것이 어려운 이유는, 주인 행세하고 있는 객심의 완강한 저항 때문이다. 깨달음을 얻었다며 느닷없이 없던 주인이 나타나니, 오랫동안 토지와 집을 자기 것으로 알고 살아온 탐진치 객심은 순순히 내줄 의향이 전혀 없다. 게다가 이제 막 태어난 주인은 워낙 힘없는 아기인지라 자기 것을 주장할 줄도 모르니, 도둑이 도리어 주인더러 나가라 큰소리친다. 실소유권이 자기에게 있다고 장렬히 맞서 싸우니 이겨 먹기가 여간 쉽지 않다.

자기가 주인인 것을 알았어도, 그 집에 돌아와 주인 노릇을 하지 않으면 아무 변화가 없고, 무명업장인 기질이 주인처럼 활보하며 세를 과시하게 된다.

주인이 아무리 어리고 힘이 없어도 계속해서 나타

나면, 도둑은 살짝 기가 죽기 시작한다. 주인장이 집에 자주 납실수록 도둑은 점점점 힘을 잃어간다. 자성을 비출수록 명확하게 주인 노릇을 하게 되어, 점점 힘이 생기고 변화가 시작된다. 법마상전의 시절이다. 자성이 주인 노릇을 지성으로 하다 보면, 어느 순간 도둑이 항복하고 나갈 때가 온다. 등기이전을 다 마치고 항마가 된 상태다. 결국 동정 간에 자성을 떠나지 않는 것이 수행의 완성, 성불이다.

수행은 주인인 성품이 무명업장 기질을 다스리는 과정으로, 자성을 발견해야 참된 삼학수행이 시작된다. 깨닫지 못한 이들의 수행은, 조금 덜 나쁜 도둑이 더 나쁜 도둑을 내보내는 형국이라 오염된 수행이다. 허공법계의 주인장인 그대는 오늘 얼마나 그곳에 머무셨는가.

신앙이 약한 종교는 없다

 어느 종교는 신앙이 강하고 어느 종교는 약하다는 말을 하는 이들이 있다. 깨닫지 못한 이들이 뭘 모르고 하는 소리다. 겉으로 드러난 행태만 보고, 신앙이 강하니 약하니 하는 것은 위험하고 무지한 언사다. 신앙이란 강하거나 약한 것이 아니라, 올바른가 아닌가, 정법인가 미신적인가의 구분만 있을 뿐이다.

 흔히 신앙이란 위대하고 무서운 힘을 가진 절대자가 따로 있다고 설정해 놓고, 그 절대자에게 완전히 의지하고 바치면 구원을 받는다는 믿음 아래 행하는 종교적 행위를 일컫는다. 사전적 의미가 이와 비슷하게 기술되어 있을 수 있고, 이것이 종교의 태동 배경이 될

지는 몰라도, 인지가 열린 시대에 맞는 참 신앙의 의미는 아니다.

올바른 신앙이란, 신, 부처, 진리가 어디에 있는지를 정확히 보아서, 부처를 부처로 모시고 받드는 불공을 말한다. 부처가, 신이 어디 있는지를 정확히 보고 알아야 신을 모시는 신앙, 혹은 부처를 모시는 불공이 가능하다. 깨달음이란, 신이 어디에 있는가를 본 것이라, 견성 못한 이는 신이 어디 있는지를 모르니, 신을 모시고 받드는 신앙을 할 수가 없다.

깨달음을 얻지 못한 이가 하는 소위 신앙행위는, 모르고 하기 때문에 참된 신앙이나 불공이 아니라, 미신이나 기복행위일 뿐이다. 아무리 세력이 크고 유서 깊은 종교여도, 신이 어디에 있는지를 정확히 모르고 믿는다면, 사실상 미신이다. 성황당이나 장독대 정화수나 굿판 푸닥거리나 다 거기서 거기다. 세계 사업을 하며 선한 영향력으로 세상을 변화시키고 있어도, 참 고맙고 박수 받아 마땅한 일이긴 하나, 참된 의미의 신앙과는 별개의 선행일 뿐이다.

물론 이런 기복적인 미신이나 맹신도 위력이 없는

건 아니다. 위안도 되고 어떤 면에서 큰 효능감을 맛보기도 하지만 그저 그뿐, 목적지를 모르고 열심히 엉뚱한 곳으로 가니, 근본적 복과 지혜는 열리지 않고 고통은 지속되며 윤회를 벗어나지는 못한다.

일원은 법신불이라 법신불 아닌 자가 없으니 처처불상이며, 처처불상이니 사사불공이 된다. 모두가 부처이니 부처로 대하는 것이 참된 신앙이다. 우주만물에는 실지 불공을 올리고, 허공법계에는 진리불공을 올리는 것이 사사불공이다. 법신불은 나눠짐 없이 한 몸이니, 남에게 베푼다는 것이 내가 내게 하는 것이라 동체대비심이 나오며, 모두 법신불인 나를 위한 것이기에 상 없는 보시와 불공이 된다.

모든 존재가 부처이며 위대하고 영험하다. 다 알고 다 보는 전지전능하신 신의 위력을 알기에 인과신앙을 할 수 있다. 작용한 대로 주고받는 일체 인과를 손바닥 위의 구슬처럼 훤히 보고 알아야 아무 탈 없는 감수불보가 된다.

일체가 부처이니 부처로 모시고 베풀며, 일체 인과에 감수불보하는 참 신앙은 깨달음을 얻어야 비로소

가능하다. 일체만물 허공법계가 다 보고 다 알고 다 보응하는 인과보응의 주재자임을 깨달아 모두를 부처로 신으로 모시는 것이 정확한 의미의 신앙이다. 이런 진리적 신앙, 사실적 신앙은 인지가 열린 시대의 지혜로운 이라야 행할 수 있다.

무엇이 신앙인가? 신앙의 참 의미도 모르면서 겉 행태만 보고 어느 종교가 신앙이 강하고 약하다고 말하는 것은 옳지 않다. 입 다물고 가만히 있으면 절반이라도 가는 법, 모르면 차라리 입을 다무는 게 좋지 않을까. 신앙이 약한 사람도, 신앙이 약한 종교도 없다. 단지, 신이 어디에 있는지 알고 모름만 있을 뿐.

나는 비행기를 타지 않는다

    지금 눈앞에 무언가를 보고 있는가. 지금 보고 아는 자는 눈동자인가, 그 너머 보는 자가 따로 있는가. 비행기를 타고 바다를 건너가면서도 보는 자는 내내 함께 있다. 모든 순간 함께한다. 보는 자는 흔들림 없이 몸을 따라온다. 따라온 것일까? 몸 안에서 함께 비행기를 타고 온 것일까? 모든 순간 몸 안에 같이 있으면서 계속 보고 있는 것일까?

    다 보고 아는 나는 어디에 있는가. 귀가 듣는가, 듣는 자가 따로 있는가. 혀가 맛을 아는가, 맛을 아는 자가 따로 있는가. 콧구멍이 냄새를 맡는가, 냄새를 맡는 자가 따로 있는가. 팔이 알아서 움직이는가, 움직이게 하는 자가 따로 있는가. 발이 걷는가, 걷게 하는 자가 따로 있는가. 머리가 생각하는가, 생각하게 하는 자가 따로 있는가.

보고 듣고 냄새 맡고 맛보고 움직이고 생각하는 그것은 어디에 있으면서 그렇게 하는가. 눈 속에 있는가, 입 속에 있는가, 귓속, 머릿속, 몸속에 있는가. 따로따로 하는가, 하나가 다 하는가. 그 하는 자는 어디에 있는가. 그렇게 하는 자는 어떻게 생겼으며 크기는 어떠한가. 그렇게 하는 자를 본 적이 있는가.

나는 모든 곳에 있다. 보는 자는 비행기를 타지 않고도 계속 볼 수 있다. 육근은 텅 비어있다. 벽도 지붕도 바닥도 없는 허공이니, 보는 자가 그 속에 머물 수 있는 집이 아니다. 나로 여겼던 몸은 본질적으로 텅 빈 허공이다. 눈앞에 보이는 허공과 동일한 상태다. 텅 빈 허공 어디에 들어가 머물 수 있는가. 보는 자가 들어갈 집은 없다. 그냥 허공이다. 보면서 아는 자인 나는 온 우주에 가득하게 있다. 나는 공적하면서 영지한 것, 온 천지 가득한 만능자다. 온 우주에 가득하게 있으니 움직이지 않고 안이비설신의 기관을 만나면 만능이 사용

된다. 가장 작은 먼지 크기 허공일지라도 만능상태로 있다. 일체 허공은 처처가 만능이다. 곳곳이 만능이기에 위치와 상관없이 볼 수 있고 움직일 수 있다. 육근 작용이든 천지 작용이든 일체 모든 작용은 하나로 텅 빈 허공이 하는 것이다. 텅 빈 것이 만능자다.

비행기도 텅 빈 허공이며 벽이 없다. 성품인 나는 비행기를 타지 않는다. 나는 움직이는 자가 아니다. 꽉 차 움직임 없이 우주에 가득하다. 성품의 바탕은 움직임 없이 통으로 있는 진공이며, 진공이 곧 묘유다. 진공으로 체를 삼고 묘유로 용을 삼아서 우리의 육근이 작동되어진다. 신기하게도 텅 빈 것이 다 보고 알아 그대로 드러내 준다. 본체를 떠나지 않은 육근작용이 나다. 그렇게 바탕인 체를 떠나지 않고 육근작용을 하는 것이 참 수행이다.

나는 우주에 가득한 신령함이며, 이는 일체 모든 존재의 것이기도 하다. 나는 몸 안에 있지 않고 우주에 가득함을 잊지 말라. 이것이 강력하고 참되고 살아있는 화두다. 생생한 화두로 간절하게 정성 다해 단련해야 영생문제가 해결되는 깨달음이 일어난다. 이 말이 신기하게 여겨지고 집중력이 계속되고 있다면 그대는 지혜로운 사람이며, 깨달음이 가까이 있다. 그렇지 않다면 그대는 세속적이며, 깨달음이 멀다. 현 상태가 그렇다는 말이다. 이 말에 마음이 상했다면 다행이다. 마음이 상하면 분심이 일어날 가능성이 있다. 아무렇지도 않은 이가 가장 어리석고 가련하다.

'어찌할꼬 어찌할꼬' 하며 어떻게든 해결해야지, 언제 갈지 모르는 목숨인데 다음으로 유보할 일이 아니다. 상 내고 자존심 세울 때도 아니다. 가장 큰 자존심은 깨달음을 얻는 일이다. 내가 어디에 있는지, 내가 무엇인지도 모르면서, 나는 허공인데 어디에 자존심을 세울 것인가. 허공에 탑 세우는 수고로움을 멈출 일이다.

신은 어머니일까 아버지일까

　신은 성별이 있을까. 여성일까 남성일까. 어디에서는 신을 어머니로 묘사하고 다른 곳에서는 아버지라 부른다. 신을 남성이나 여성으로 부르는 것은 인간의 관점일 뿐, 실제로 신은 성별이 없다. 여자도 아니요 남자도 아니며, 어머니도 아버지도 아니다. 굳이 연결 짓는다면 아버지보다는 어머니 쪽에 가깝다.

　신을 의인화한 것은, 신이 만물을 낳아 기르는 점에 착안하여 인간에게서 이와 유사한 존재를 찾아 신과 연결시킨 것으로 보인다. 신은 만물을 생산해서 잘 기르며 영원히 살게 해주는 자비로운 존재다. 이런 신의 특징을 가진 이는 누구일까.

생명을 낳아 기르는, 물론 다 그런 건 아니지만 대체로 자비로운 이는 어머니다. 허나 여성 단독으로 생명을 생산할 수는 없는 일이고, 그렇다고 남성을 낳는 자라 할 순 없으니, 신을 여성이라 해도 맞지 않고, 남성이라 칭하는 건 더더욱 거리가 멀다.

허공, 신, 진리에는 신기하게도 음과 양이 함께 있다는 점을 인식할 필요가 있다. 텅 빈 허공에 음과 양의 기운이 함께 있어 만물이 저절로 만들어진다. 신은 음과 양, 암수를 한 몸에 가지고 있어 묘하게 만물이 생성된다. 그런 까닭에 신을 여성이나 남성으로 표현하기보다는 암수한몸, 자웅동체로 묘사하면 이해에 더 도움이 되지 않을까?

일체를 만드는 것은 천지 가득한 음양의 기운이다. 하나인 조물주가 만물을 만드니, 그 조물주는 음양, 자웅, 암수한몸인 셈이다. 텅 빈 허공이 일체를 낳는 신이며 조물주다. 태어남을 주관하는 것은 신의 영역이지 각 개체가 하는 것이 아니다. 각자는 태어남을 원하거나 생산의 통로가 될 수는 있어도 태어남을 주관하는 능력은 오직 신에 있다.

신은 하늘에 계신다 할 일도 아니다. 땅에는 신이 없는가. 어디까지가 신이 계신다는 하늘인가. 땅속 깊은 곳에 있는 공간은 하늘인가 땅인가. 신은 없는 곳 없이 무소부재하며, 일체는 텅 빈 허공이요, 신이 계신다는 하늘이다.

성별도 없고 하늘땅으로 나눠지지도 않는, 무소부재하게 있는 신에 음양의 기운이 가득하여 일체가 탄생된다. 일체 우주만물은 만능인 신에 의해 만들어지고 성장되며, 노병사하고 생주이멸하며, 성주괴공하고 춘하추동 한다. 표현은 달라도 원리가 하나다.

음양의 기운을 가진 하나의 신이 만물을 낳아 기르고 영원한 변화를 거듭하며 성장시킨다. 신에게는 끝없이 낳고 운영하는 만능이 있어 만물은 영원히 지속된다. 일체는 오직 영원한 생生만 있는 영생이다. 죽음은 없다는 뜻이다. 죽음이라 부르는 순간 역시 생의 한 과정일 뿐, 소멸이나 종말이나 직선의 끝이 아니다. 겨울의 끝은 봄이듯, 죽음 또한 영원한 생의 한 사이클이다.

죽음이라 부르는 상태는 약간 긴 잠이다. 8시간 숙면 후 깨어남이 어제와 오늘이듯, 49일간 숙면 후 깨어남이 전생 후생이다. 어제의 나나 오늘의 내가 같고, 49일 전이나 지금의 나는 같다. 옷 좀 갈아입었다고 달라질 것은 없다. 나는, 일체 만물은, 그렇게 삶이 영속된다.

 일체만물은 영원한 성장, 영원한 생만 있다. 영원한 생만 있으니, 영생토록 일체를 살리기만 하고 있으니, 이를 은恩이라 한 것이다. 영원히 살게 하여 주시니 얼마나 은혜로운가. 우리에게 일어나는 일은 어떤 것도 영생하는 데 반드시 필요한 오직 은혜의 요소들이다.

 신은 여자도 남자도 아닌 음양을 함께 가진 기운이며, 그로 인해 만물은 영원히 산다는 것!

충전은 하고 사는가

　이곳 선원 관리엔 참 많은 장비가 필요하다. 전동톱 전동예초기 전동가위 전동전지톱 전동송풍기 등, 요즘 나오는 장비들은 어찌나 성능이 좋은지 그야말로 혁명적이다. 이들 아니었으면 그 많은 일들을 어찌 다 해냈을까. 그 앞에 절을 하고 싶을 만큼 고맙다. 귀한 보물이라 실내에 소중히 모시는 몸값 높은 일꾼들이다.

　장비들 종류가 워낙 다양하고, 충전기와 배터리가 비슷비슷하니, 이름표를 붙이지 않으면 짝을 찾기도 어렵다. 이들은 에너지원인 배터리 충전이 안 되면 무용지물이 된다. 작업하기 전 미리미리 충전을 해놓아야 장비의 본래 효능이 발휘된다.

우리의 심신 역시 온종일 작동되는 정교한 장비들이다. 사람이 사는 것 자체가 매 순간 무한대의 에너지를 필요로 한다. 그 무한동력, 에너지는 어디서 오는 것이며, 에너지원인 배터리 충전은 어떻게 하는 것일까.

　그 무한동력은 바로 허공, 자성, 일원이다. 텅 빈 허공이 무한한 에너지 덩어리다. 허공은 만능이기에 우주 안 일체 만물의 작동은 무한동력인 허공이 한다. 이 무한동력 허공에 플러그를 꽂는 것이 배터리 충전이다.

　플러그를 꽂는, 충전하는 시간을 정신수양이라 한다. 자성의 정, 일심 양성, 요란함 없는 상태에 머무는 것이 충전이며 정신수양이다. 비움이란 '육근을 나로 삼았던 그 나'를 툭 없애는 것이다. 원래 없는 나를 놓고 자성으로, 일원으로, 허공으로 돌아감이 곧 비움이다. 무엇을 어디에 비우는 것이 아니다. 자성으로 돌아가는 일 자체가 수양이며, 비움이며, 함양이며, 요란함 없는 것이며, 자성의 정을 세우는 것이다.

　괴롭거나 마음이 요란하다면 일원에 머물지 않고 내가 따로 분리되었다는 반증이다. 내가 따로 있고 일체는 나와 분리되어 있다고 믿는 것이, 깨닫지 못한 중생의 어리석은 소견이다. 절대로 분리될 수 없는데도, 생각으로 나와 상대를 분리한다. 이런 상대심으로 탐진치라는 강한 에너지가 분출될수록 방전이 빨라져, 그만큼 사는 게 힘들고 지병들이 따라붙는다.

충전하는 최고의 방법은 선이다. 선이란 일심, 한마음으로 돌아감이다. 그 한마음이 바로 자성이다. 깨어있는 상태로 육근 문을 닫아 자성을 반조함이 수양이며, 선이며, 일심이다. 오직 자성에 맥을 대 분별성과 주착심을 다 끊는 것이다. 앉아서 단전호흡 한다고 좌선을 하는 것이 아니다. 견성을 못하면 돌아가야 할 자성을 모르니 참된 선도, 수양도 할 수 없다.

진리는 밤과 낮을 교차시켜 작용과 휴식을 반복하게 하여 일체 만물을 키워내는 주밀한 장치를 자비롭게도 다 갖춰 놓았다. 밤은 진리가 준 충전시간이다. 현대인들은 그 시간마저 단축시켜 사는 데다 극도의 스트레스로 쉽게 에너지가 방전돼 소위 번아웃이 일어난다. 육근을 존절히 사용하고 늘 자성에 충전하고 살면 평안하여 번아웃 될 일이 없다.

젊을 때 기력이 왕성하다고 육근을 막 사용하다 보

면 어느 순간 타고난 에너지를 다 소진하기 쉽다. 지혜로운 이는 젊을 때부터 기력을 보하고 충전할 줄 안다. 충전 없이 사용만 하면 정신도 육신도 고장과 병이 잦고 수명이 단축되며 삶이 괴롭다.

 우주 허공법계, 무한동력에 플러그를 꽂아 살면 육근 배터리가 소진 없이 운영되니 헌거롭고 자유롭다. 깨달음 이후 오래오래 지성으로 자성반조 하는 것이 참 수양인데, 자성을 발견해 그곳에 충전은 하고들 사시는가.

모르는 게 병이다!

　예로부터 인재를 등용하는 기준이 신언서판이라는데, 말과 글과 판단력이 좋고, 아는 게 많아 무엇이나 척척 답을 잘할 수 있다면 얼마나 좋을까. 사람 사는 일에도, 근본적인 진리에도 걸림 없이 아는 이는, 스스로도 자유롭겠지만 세상에 빛이 되는 귀한 사람이다.

　사람 사는 일을 시비이해, 근본적인 이치를 대소유무라 한다. 대소유무 시비이해를 낱낱이 설하자면 석 달 열흘로도 모자랄 테고, 금세 하품 나올 게 뻔하니 이 정도로 넘어간다.

　이치에는 밝은데 세상일에는 어둔 사람이 있고, 세상일에는 밝은데 진리 쪽에는 전혀 생각 없는 사람도 있다. 이치와 일에 다 통달해야 지혜롭고 쓸모 많고 보은 잘하고 괴로움이 없다. 선후를 논하자면 먼저 이치에 밝아야 하고, 그 이치에 바탕해서 일에도 능통해야 한다. 불교계 전문용어로 이치에 통달하는 것을 이무애, 일에 걸림 없는 것을 사무애라 한다. 어디 가서 이런 말 좀 써주면 좀 있어 보이기는 하지.

우주적 이치에는 밝은데 세상일에 눈감고 무관심하면, 스스로는 편할지 몰라도 주변 사람들이 엄청 괴롭다. 입만 살아 말은 청산유수인데 생활이 꽝이면 세상에 별 도움이 안 된다. 비가 와서 마당의 곡식이 떠내려가도 가만히 보고만 있으면서, 곡식이 여기에 있으나 저기로 떠내려가나 둘이 아니니 잃은 것이 아니라는 소리나 하고 있으면 되겠는가. 진리는 생활에서 잘 활용되어야 가치가 있다. 참된 도인은 세상일에도 능한 활불이어야 하며, 매사에 시비이해를 잘 판단해 실천할 줄 알아야 한다.

진리를 알아야 인간사 시비이해도 제대로 분간할 수 있다. 옳고 그름의 판단 기준은 일원의 진리, 자성이다. 옳고 그름은 진리, 한마음, 자성 자리로 돌아가 판단된 것이어야 한다. 단절된 나를 떠나 자성에서 밝히는 것이 옳은 것이며, 진리를 떠나 단절된 내가 구하는 것이 그름이다. 이해利害도 마찬가지다. 하나인 자리에서 판단하고 행해야 궁극적으로 이로운 것이며, 단절된 나를 중심으로 구하면 아무리 많은 이득이 와도 본질적으로는 해로움이다.

시비이해의 정확한 판단은 오직 하나인 자리를 비춰야 가능하니, 견성을 못 하면 시비분별이 사실상 불가능하다. 견성했다고 모든 진리가 동시에 사통오달되는 것도 아니라서, 두루두루 다 밝히려면 계속되는 진리 연마가 필요하다.

견성을 못 한 이들이라면 아무리 훌륭한 견해여도 여럿 가운데 하나의 주견일 뿐이며, 대중이 동의하는 견해라 해도 마찬가지로 대중들의 주견일 뿐이다. 대중이 옳다고 절대적으로 옳은 것은 아니다. 세상에는 절대악도 절대선도 없다. 어디에서는 옳은 것이 어디에서는 그르며, 그때는 옳았는데 지금은 틀린 일이 비일비재하다. 무엇이 절대적으로 옳은가.

참 공부인은 그 판단이 절대적으로 옳아서라기보

다, 지금 여기에 통용되는 법이니 능히 맞춰줄 줄 알고 능히 무너뜨릴 줄도 알며, 시비를 밝힐 때 밝히고 놓을 때 놓을 줄 알아, 자기의 주견에 집착하지 않는다. 절대적으로 옳음도 이로움도 괴로움도 즐거움도 없음을 알고 무엇에도 끌리지 않는다. 세상일과 진리를 두루두루 미리 알아 일과 이치가 훤하니, 두려울 것도 괴로울 것도 없어 자유롭고 평안하다. 무엇이든 반드시 이래야만 한다며 시비에 고정관념이 강한 이는 사리에 어둔 사람이며, 반드시 자신과 주변을 괴롭게 할 것이다.

모르는 게 병이다. 사리에 다 밝으면 큰 보은자, 참 지도자 자격이 있으며, 고락에서 자유롭다. 이생만 아니라 영생의 혜복과 고락을 좌우하는 사리연구 수행 잘하고 계시는가?

구슬이 서 말이라도

　구슬이 서 말이라도 꿰어야 보배라, 제아무리 좋은 것도 잘 다듬어 쓸모 있게 만들어야 가치가 있다. 기왕지사 사람으로 태어나 사는 거, 더 가치 있고 더 쓸모 있게, 심신도 자유자재할 수 있다면 그 얼마나 좋으리오.

　주변에 보면, 아는 건 많은데 실행은 엉망이고, 말은 참 안 듣는 사람 한명씩은 있을 게다. 참다못해 이들에게 한마디씩 던지는 말이 있다. "알면 뭐 하냐고~ 실천이 안 되는데…"

　견성은 머리 키우자고 하는 게 아니라 좋은 변화가 나타나게끔 수행을 잘해 결국 성불하는 데 목적이 있다. 성자의 말씀을 그림의 떡으로 만들어서는 안 된다는 뜻이다.

수행은, 작업취사 잘하느냐 못 하느냐로 판가름 난다. 여기서 작업이란 노동이 아니다. 먹고 걷고 말하고 잠자고 생각하는 육근의 움직임 일체를 작업, 즉 업을 짓는다고 한다. 시체가 아닌 이상 모든 순간 우리는 업을 짓는다. 취사란 작업, 즉 육근을 움직일 때 정의는 취하고 불의는 버리라는 의미다. 여기서 정의 불의란 해야 할 것, 하지 말아야 할 것, 즉 옳은 것과 그른 것을 말한다. 수행은 해야 할 것은 하고, 하지 말아야 할 것은 하지 않는 힘을 기르는 일이다. 말은 이리 쉬운데 결코 맘대로 안 된다는 게 문제다.

왜 잘 안되냐면, 깊이 찌든 기질과 습관 때문이다. 습관은 하던 대로 살려고 하고 자성의 힘은 약하니, 견성 후에도 작정하고 수행하지 않으면 기질과 습관이 이기게 돼 있다. 변화되는 일이 죽을 만큼 힘들기에, 정의는 죽기로써 행하고 불의는 죽기로써 끊어야 힘이 생기지, 대~충해선 결코 안 변한다. 탐진치의 파워는 너무 강력해, 수양력이고 연구력이고 할 것 없이 토네

이도처럼 모든 걸 한순간에 집어삼킨다. 워낙 순식간에 분출되니 마음 단속반의 출동은 늘 뒷북이다.

한생 안 난 폭 잡고, 오래오래 유무념 일기 주의 조행으로 성찰하고 참회하고 평떼기하면서 작정하고 하지 않으면, 원점으로 홱 돌아간다. 견성을 해도 습관과 탐진치를 이겨낼 수 없으니, 죽기로써 취사력을 길러가지 않으면 사람 쉽게 달라지지 않는다.

정의와 불의, 옳고 그름은 시대나 지역이나 상황 따라 다를 수 있고, 각자가 생각하는 시비가 다른데 그 기준이 대체 무엇인가. 그건 바로 자성, 일원, 본원, 일심에서 나왔는가 아닌가이다. 자성, 일심에서 나온 것을 정의, 일심을 떠난 것을 불의라 한다. 그러니 자성을 모르고는, 견성을 않고는 정의 불의, 옳고 그름을 분간할 수 없다. 견성 못하면 수양 연구 취사를 주견으로 하는 것이지 참 수행이 아니다. 견성은 수행의 출발점이며 기본이다. 육근을 작용할 때마다 온전한(자성으로 돌아가) 생각으로 취사하는 것이 수행이며 작업취사다.

정의는 취하고 불의는 버리는 실행공부는 행복과 마음의 자유를 얻는 길이다. 일심을 떠나지 않고 죽기로써 하고 하고 또 해서 변화된 것이라야 진짜 힘이지, 나이 들어 저절로 변한 것은 참 힘이 아니다. 죽기로써 행하여 새 길을 내야 윤회를 벗어난다. 산전수전 공중전 온갖 풍상 다 겪고 나서 힘이 생기는 것은, 다음 생에도 산전수전 공중전을 다 겪고 나서 힘이 생기는 패턴이 반복된다. 자성을 모른 채 이런저런 공부로 기질이 바뀌어도 괴로움의 문제는 여전히 해결되지 않고 유전된다. 자성에 비춰 죽기로써 실행하는 작업취사 공부라야 업이 녹아 흔적도 없게 하는 참 수행이며, 극락생활의 지름길이다. 구슬이 서 말이라도 꿰어야 보배인데, 견성도 수양도 연구도, 취사력을 기르지 않을 거면 대체 어디에 쓴단 말인가.

그가 없으면 나도 없다

  물에 빠져 허우적거리고 있을 때, 누군가 나타나 나를 구해 주었다면, 평생 그를 생명의 은인으로 여기며 살 것이다. 누군가 불난 집에서 나를 구해 주었다거나, 위급한 순간에 심폐소생술로 살려냈다면, 잊지 못할 은인으로 큰 감사를 표하며 보은할 길을 찾을 것이다.

  우리가 보통 아는 생명의 은인, 혹은 절대적 은혜란, 그렇게 드라마틱한 상황에서 생명을 구하거나 살려주는 이다. 내 생명을 살린 은인을 이처럼 극단적 상황에서 일어나는 것으로만 설정하는 것은 미성숙한 이들의 견해다. 마치 아이들이 매일 같이 먹이고 씻기고 재우고 위험으로부터 보호하며 노심초사하는 부모의 은혜는 당연해서 보이지 않고, 어쩌다 한번 와서, 멋진 장난감이나 유명브랜드 신발을 안겨주며 잠깐 재밌게 놀아주는 이모의 은혜가 제일이라고 여기는 것과 같은 수준이다.

매 순간 존재하는 은혜, 생명과 직결되어 있는 참 은혜는 눈 밝고 성숙한 이가 아니면 거의 다 알아차리지 못한다. 진정한 생명의 은인, 이것 없으면 내가 죽었을, 절대적 은혜를 느껴 보라! 지금 숨 쉴 공기가 없다면 살 수 있겠는가. 발 디딜 땅이 없다면, 영원히 해가 뜨지 않는다면, 물이 없다면 살 수 있을까. 낳아 길러주지 않았다면, 이 천지에 의지할 무엇 하나 없이 나 하나뿐이라면, 무법천지라면 나는 결코 살 수 없다. 이들이 없이는 생명을 유지할 수 없다면 그것이 바로 내 생명의 은인 아니겠는가. 천지 부모 동포 법률 어느 하나도 없어서는 살 수도 내가 존재할 수도 없으니, 그 사은 전체가 곧 나며, 내 생명의 은인이다.

허공법계 우주만물 모든 것이 결코 분리될 수 없는 한 몸이다. 이것 없으면 저것이 없는 하나의 유기체, 한 몸, 법신불, 일원, 성품, 본원이다. 나는 어디까지라고 선을 그을 수 없다. 우주만물 허공법계 일체가 곧 나며, 이들이 없어서는 한시도 살 수 없으니 일체가 한 몸으로 내 생명의 은인이다. 죽을 것 같은 드라마틱한 상황에서 나를 구해주는 것만이 생명의 은인이 아니라는 말씀.

이럴 때는 감사하고 아닐 때는 원망해도 되며, 이런 이는 필요하고 저런 이는 아니라고 상대적으로 은혜를 설정하고 산다면, 그 변덕을 어찌 다 맞추겠는가. 혹 꼴 보기 싫고 없어져야 하며 절대로 저것은 부처일 수가 없고, 나여서는 더더욱 안 된다고 여겨지는 것들이 있는가. 상대방 관점에서 나도 누군가에겐 그런 존재일 수 있다는 건 왜 가정하지 않는 건가.

꼴 보기 싫은 이도 그에겐 그게 최선이며, 누군가에겐 가장 귀하다. 가장 더럽게 여기는 것도 어떤 존재에게는 먹이가 되며, 이것과 저것이 서로 의지하며 돌고 돌다 보면, 일체가 없어서는 안 되는 은혜의 관계로 얽힌 한 몸을 이룬다. 온 우주는 서로 없어서는 못 사는 한 몸으로 얽혀 운행되니 나 아닌 것, 생명의 은인 아닌 것이 없다!

일체를 나와 너로 보는 것이 아니라 다차원의 한 몸, 보이지 않는 하나의 관계망을 보는 것이 지혜며 깨달음이며 괴로움을 벗어나는 길이다. 참 은혜는 절대 자리에 머물러야 나타나니, 절대 자리를 깨달은 이가 아니라면 사은신앙을 할 수 없다. 없어서는 살 수 없는 나임을 아는 까닭에 동체대비심이 나오며, 이것이 참 신앙, 참 불공, 참 보은이다.

온통 은혜의 바다에 살면서 불평불만으로 구시렁거릴 시간 있으면 단 1분만 코를 막고 숨을 참아보시라. 매 순간 없어서는 살 수 없는 생명의 은인들 천지인데, 정녕 죽다 살아나는 드라마틱한 상황을 겪고서야 은혜를 발견하고 싶은 건가?

도인은 일이 없다!

 "도인은 일이 없다는데요~." 이곳 선원에 일이 많은 것을 보고 어느 분이 무심결에 툭 내뱉은 말이다. 하루 종일 일없이 거니는 이를 도인이라 믿는 모양이다. 어디서 들은 법문을 본의도 모르고 일부만 똑 떼어 신념으로 삼으니, 이거 참 큰일이다. 호탕하게 한참을 웃은 후 본뜻을 일러드리긴 했으나 알아들었을지는 의문이다.

 시체가 아닌 이상 어찌 일이 없겠는가. 잠자는 것도 육근을 움직이는 일이요, 먹는 것도 웃는 것도 일체가 일 아님이 없다. 그렇담 '도인은 일이 없다'는 말은 무슨 뜻일까?

산골 생활이 다 그렇듯 요즘 선원엔 일투성이다. 구석구석 끝없이 손보고 다듬으니, 매일 사는 이의 눈에도 낙원인데 어쩌다 오는 이들이야 감탄해 마지아니하며 무슨 복으로 이런 극락에 사느냐 부러워한다. 어떤 이는 가만히 있어도 늘 이 상태가 저절로 유지되는 줄 알고 오직 찬탄하기 바쁘고, 어떤 이는 이렇게 잘 관리하려면 얼마나 고생이 많겠느냐며 안쓰러운 눈빛으로 격려를 보낸다. 전자는 철없는 낭만주의자이고 후자는 각박한 현실주의자다.

도인의 삶은 낭만주의도 현실주의도 아닌 매사가 수행일 뿐이다. 마음공부, 선, 수행은 어느 때로 따로 정해져 있지 않다. 동하거나 정하거나 본원자리, 자성을 돌이켜 그 자리에 딱 걸어두고 육근을 작동시키는 것이 수행이다.

모름지기 수행이란, 일체처일체시에 자성을 떠나는가 아닌가, 진공으로 체를 삼고 묘유로 용을 삼는 것이 유지되는가 아닌가에 달려있다. 일 더미 속에 살면서도 좋다 싫다는 분별없이 육근을 작용시키면 일체가 수행 아님이 없고 보은행 아님이 없고 실력증진의 시간 아님이 없다.

딴생각 않고 그 일에만 집중한다 해서 수행하는 것도 아니요, 그게 무시선은 더더욱 아니다. 성품을 깨닫지 못한 이가 몇 시간 방석에 몸을 앉혀 놓았다고 수행하는 것도 아니다. 자성을 깨달은 후, 앉으나 서나 누우나 자성자리에 충전기가 꽂혀 있는 것이 참 수행이다.

참 도인은 자성을 깨달은 이후, 육근을 작용하는 모든 움직임에 자성을 떠나지 않으니, 일체의 일이 노동이 아니라 수행이다. 어디서 무엇을 하든지, 먹고 자고 생각하는 육근의 모든 움직임이 자성을 떠나지 않는 수행일 뿐, 도인은 따로 일이 없다. 동정 간에 선, 일심을 떠나지 않아 '보보일체가 대성경'이다.

진공에 플러그를 꽂은 그대로 육근을 사용하는 것이 무시선이며 참 수행이다. 전체자리에서 분리되어 나오지 않고 법신에 머물며 육근을 작용하면, 움직이되 움직임 없이 충전과 동시에 에너지를 활용하는 시간이 된다. 하루 종일 온몸이 땀에 젖도록 강도 높은 노동을 하더라도, 자성을 떠나지 않으면 노동이 아니라 수행이다. 매일 일 더미 속에 살아도 일이 없고 오직 수행만 있다. 도인은 따로 일이랄 것도 따로 수행도 없다. '도인은 일이 없다'는 이 금옥 같은 법문을 액면 그대로 받아들여 믿으니, 법문이 세상 나와 참 고생이 많다.

좌선이든 청소든 매사에 임할 때, 하기 싫은데 마지못해 하거나, 남의 일 해주는 양 속으로라도 투덜댄다면, 일생을 노동자로만 사는 것이다. 종일 힘을 써 육근을 움직이되 보은과 수행으로 삼아 마음이 여여하고 한가로운 이는 언제나 수행자다. 겉으로 보기엔 똑같은 일이 노동자에겐 힘든 노동이나 수행자에겐 힘이 쌓이는 수행이며, 노동자에겐 방전이 되고 수행자에겐 충전이 된다. 오늘 하루는 주로 노동자로 살았는가, 수행자로 살았는가?

부처 아닌 것도,
부처 아닌 때도 없다!

    나는 왜 복이 없을까? 나는 왜 삶이 힘들까? 나는 왜 지혜가 부족할까? 그런 생각이 든다면 오랜 생을 통해 부처를 제대로 몰라보고, 부처로 대하지 않고 살아왔음을 자각할 일이다. 삶이 평안하고 복과 지혜가 충만하려면 부처가 어디에 있는가를 발견하여 그 부처가 어떤 작용을 하든 부처로 대하면 된다.

    그러면 부처는 어디에 있는가. 이쯤 되면 곧바로 답이 툭 튀어나올 법하다. 부처 아닌 것이 없지! 그렇다. 나를 비롯해 일체만물, 보이지 않는 허공법계 모두가 위대한 자, 부처다. 부처 아닌 것이 없다는 말은, 일체가 내게 죄복을 내릴 수 있는 힘을 가지고 있으니, 그야말로 부처님 대하듯 하라는 뜻이다. 일체를 부처님 대하듯 하는 이는, 천지만물이 또한 그를 위해 줄 것이므로, 복이 넘치고 앞길이 밝게 열리며, 진리의 보호를 받으며 살게 된다.

　일체 만물 허공법계가 부처이지만, 그 부처는 정지된 마네킹 상태가 아니다. 물론 알기 쉽게 표현하느라 가져다 쓴 비유일 뿐, 무정물인 마네킹조차 한순간도 멈춰있지 않고 생주이멸하며 움직인다. 일체만물의 움직임은 모든 순간 부처가 하는 것이다. 일체만물 허공법계의 모든 작용이 부처의 작용 아닌 순간이 없다. 춘하추동 생로병사 성주괴공, 보고 듣고 말하고 생각하고 움직이는 일체의 작용은 부처의 작용이며 묘유며 기적이다.

　이런 생각이든 저런 생각이든, 이런 행이든 저런 행이든 다 부처가 하는 것이지 중생은 따로 없다. 깨달은 이만 부처고 나머지는 부처가 아니라거나, 훌륭한 언행은 부처이고 그렇지 않은 것은 부처의 작용이 아니라고 여긴다면 깨달음을 얻지 못했거나, 그 자리를 놓친 상태다. 깨달은 자리에서 보면 일체가 부처 아님이 없고 한순간도 부처의 작용 아님이 없고 부처 아닌 때가 없다. 일체가 부처이니 매 순간 일체만물의 작용 또한 부처의 작용이다.

일체를 억지로 부처로 보아야 하는 것이 아니다. 깨닫지 못하면 이미 부처인데 애써 부처로 보려고 노력하면서 그것을 마음공부라고 착각한다. 곧바로 본원자리로 돌아가면 일체가 부처, 법신불 아님이 없다.

어떤 존재든 있는 그대로 다 부처며, 모든 순간 일체 존재의 작용이 있는 그대로 온전한 부처의 작용임을 정확히 알아 믿는 것이 참 신앙이다. 일체의 작용은 훤히 보고 아는 텅 빈 자, 공적하면서 영지한 법신불이 한다.

단절 없이 통으로 있는 한 몸 법신불이 곧 나다. 단절된 나로 홱 돌아가 에고의 차원에서 옳고 그르다고 분별망상을 일으킬 때만 괴로움이 발생한다. 본성에서는 더 훌륭한 존재도, 더 훌륭한 작용도 없다. 이 육근 작용 또한 법신불, 부처의 작용 아닌 때가 없으니 법신불을 떠나지 않고 걸림 없이 육근을 잘 부려 쓰는 것이 온전하고 괴로움 없는 삶이다.

그 자리에 머물면 나 하나뿐이라, 괴로움을 줄 대상이 따로 없으니 늘 극락이다. 분별하는 마음이 괴로움을 만들 뿐, 세상은 아무 문제없는 부처의 나타남이며 부처의 작용이다. 분별 집착만 놓으면, 나도 상대방도 온 세상도 지금 그대로 온전한 부처의 몸짓이다.

부처 아닌 것이 없고 부처 아닌 때도 없다! 부처가 어디 있는가 물으면 즉시 자신을 가리켜도, 보이는 아무것이나 허공을 지시해도 다 맞다. 손을 들어 보이든 웃어 보이든 걸어가든 그냥 가만히 있든, 또한 다 부처의 작용을 보여준 것이다. 처처불상이니 사사불공하라. 사방천지 온통 부처가 움직이고 있거늘, 애써 불공드리러 영험하다는 산천을 찾아다닐 일인가.

인과는 얄짤없다!

진리는 수완 좋은 장사꾼이 아니다. 덤도 에누리도 없다. 인과는 얄짤없다. 적당히 봐주는 법도, 더 주거나 덜 주는 일도 없이, 정확히 작용한 대로만 드러내 준다. 인과는 협상도 구걸도 통하지 않는다. 아무리 울며 애원해도, 받는 이가 좋아하든 싫어하든 고려하지 않는다. 인과는 뇌물도 통하지 않는다. 신분이나 권력이 높아도, 성자여도 봐주지 않고 무심히 지은 그대로만 돌려준다. 정확하고 공정하기에 억울할 일이 없다.

지금 직면하는 모든 것은 진리의 계산으로 나온 결과임과 동시에 진행형이다. 거기엔 현생으로만 판단할 수 없는, 숙겁에 이월된 값이 포함돼 있으며, 지금의 마음과 행동에 따라 찰나 간에 계산은 바뀌어 간다. 현재 보고 듣고 당면하는 모든 것은 스스로 불러들인 것이다. 그것이 좋거나 나쁘다는 말이 아니라, 겪어야 하기에 그 일이 그에게 일어난다는 뜻이다. 현실의 모습은 내 성장과 진급에 필요한 요소들이며 또한 가장 진리적이다. 지금 무엇을 마주하거나 듣거나 보거나 그 속에 함께 있다면, 그것은 나와 인연이 있는 것이다. 어떤 일이든 그것을 겪지 않을 이는 희한하게도 피해 간다. 작용하지 않은 것, 인연이 아닌 것은 내 앞에 드러나지 않는다. 진리는 다 보고 다 알아 그대로 현실로 드러내 줄 뿐이다.

현실에 마주하는 모든 것은, 일어날 조건이 갖춰지면 작용한 그대로 나타난다. 마음에 늘 떠올렸기니 좋아했거나 거부했거나 자주 행했기 때문에, 내 앞에 진리의 모습으로 드러난다. 알았든 몰랐든 가지고 있는 내 집착이나 거부의 에너지가 불러들인 결과물이다.

매 순간 진리는 더 좋고 나쁜 것을 구별하지 않고 그저 무심히 드러내 준다. 일원이 아닌 단절된 나에 머물러, 좋고 나쁨을 분별하고 집착할 때만 모든 괴로움은 온다. 통증의 크기나 성공과 실패, 물질의 증가와 감소가 반드시 괴로움과 직결되진 않는다. 이것은 좋은 일이고 저것은 나쁜 일이라고 이름 붙여, 좋은 것만 오기를 기대하는 마음이 병이다. 분별과 집착만 놓으면 이런 일이 일어나든 저런 일이 일어나든 아무 문제 없는 온전한 진리의 모습이다.

일어나는 모든 일은 중립상태로 있다. 어떻게 응하느냐에 따라, 극락이 되기도 하고 지옥으로 변하기도 하는 신통을 부린다. 모든 일은 그 자체로 좋은지 아닌지 알 수 없다. 이렇게 분별과 집착 없이 받아들이는 마음이 중용이며, 그 자리에 머물면 괴로울 일이 없다.

성자들이라고 좋은 일만 일어나지 않는다. 성자들은 좋거나 나쁜 일이라고 분별하지 않고, 어떤 일이 일어나도 진리 작용으로 받아들여 중용에 머문다. 바람 불고 비 오면 치우고 닦으면 될 일이며, 설령 그것이 죽음이어도 생사가 둘 아님을 아는 까닭에 아무 문제가 없다.

우리의 현재 정치수준과 나랏일 하는 이들의 행태와, 국민의 정신건강과 복지, 문화 일체는 딱 구성원들의 평균치 의식수준에 맞는 인과로 드러난 진리이다. 국민들의 평균치가 딱 그만큼의 인지이기에, 그와 같은 지도자를 선택하고 그런 일들을 겪으며 살아간다. 함께 받는 공동인과다. 같은 시각에 공존하는 지구촌 나라들이어도 천양지차의 삶을 살고 있다. 서로서로 위해주며 가진 것을 공평히 나누는 일에 기꺼이 동의하는 지상낙원이 있는가 하면, 탐진치가 치성하여 서로 싸우고 자기 배 채우기만 바쁜 사람들이 주를 이루는 나라들도 있다.

    지금 일어나는 일체 현상에 집착이나 거부 없이 중용으로 응하다 보면, 더 이상 그런 일은 만나거나 듣거나 보게 될 씨앗이 심어지지 않는다. 수 없이 씨 뿌려 놓고선 자꾸 싹이 나온다고 투덜댈 일이 아니라, 얄짤없는 진리의 부지런함과 공정함에 탄복할 법하지 않은가!

99.9%짜리 깨달음은 없다!

금은 100% 순금이 없다. 금의 순도를 말할 때 9가 몇 개냐에 따라 99.9를 쓰리나인, 99.99를 포나인으로 부른다. 순도가 높을수록 9의 숫자가 늘어나며, 최고의 금은 9가 7개인 99.99999 쎄븐나인이다. 100% 순도를 가진 금은 사실상 존재하지 않는다. 99.9%인 쓰리나인 이상을 그냥 순금 100%라고 흔히들 말하지만, 엄밀히는 100%가 아니다.

깨달음에는 금의 순도처럼 쎄븐나인도, 그 이상도 통하지 않는다. 99.9%의 깨달음이란 없다. 거의 다 온 깨달음도, 웬만큼 아는 깨달음도 없다. 9가 무량하게 99.9……%로 깨달음에 근접하게 수없이 붙어 있다 해도 100%가 아닌 이상 깨닫지 못한, 완벽한 어둠, 무명이다. 깨달음에는 깨달았거나 깨닫지 못했거나, 견성을 했거나 못했거나 그 둘만 존재한다. 견성이냐 무명이냐, 흑이냐 백이냐로 나눠질 뿐 그 중간지대는 어디에도 없다.

진리는 깨달았는가 아닌가만 있지 이해하는 진리는 진리가 아니다. 견성하지 못한 이는 다 동일한 상태의 어둠에 있으며, 실낱같은 한줄기 진리의 빛도 보지 못한 상태다. 어둠은 어둠이고 밝음은 밝음이다. 깨달음에는 거의 다 밝아오는 여명 같은 상태는 없다. 깨달음은 100이거나 0이거나 둘 중 하나만 있다. 거의 다 아는 깨달음은 없다. 그냥 무명일 뿐이다. 물을 마신 것이면 마신 것이지, 물맛을 다 안다는 것은 물맛을 본 적이 없다는 말이다.

진리를 거의 다 안다거나, 다 이해한다고 말한다면 그것은 깨닫지 못한 상태다. 진리에 대해 이해하는 것을 깨달음이라고 착각하는 이들은, 지식 창고 채우기에만 애쓸 뿐, 실제로 깨닫지 못함을 인식하지도, 깨달음의 필요도 느끼지 못한다. 깨닫지 못한 상태에서는 성자들의 말씀의 본의를 제대로 알 수 없다. 자기 생각과 수준으로 이해하고 실천하고 전하면서도 아무 문제가 없다고 여긴다.

지혜로운 이는, '나는 아무것도 모른다'고 일찍이 알아차리는 까닭에, 시절인연 따라 깨달음을 얻는다. 이들은 스스로의 무명상태를 인식하고 깨달음의 원을 세워, 신분의성을 계속한 결과 이미 깨달음의 바다에 이르렀는데, 불행하게도 머리로 받아들이는 이들은 자기 아는 것에 만족하여 제자리만 맴돌다 간다. 머리로 이해한 진리는, 성자들의 가르침에 사실상 맞지 않으며, 영생토록 괴로움의 근본 문제를 해결 못하고 윤회의 고통에 시달린다.

어리석고 가련한 이들은, 웬만큼 안다는 자기 주견에 빠져 살거나, 영생토록 괴로움으로부터 해탈하는 깨달음을 유보하거나 우선순위에서 제외한다. 이것이 급선무고 중대사라고 성자들이 그리 간곡히 일렀건만, 깨칠 생각은 없이 나도 다 안다고, 누가 그걸 모르냐고 허세를 부린다.

진리를 깨닫는 데 있어 '이만큼이면 괜찮은' 정도는

없다. 눈앞 온 허공이 곧 일원이며 나다. 지금 눈앞에 곧바로 성품의 진체가 훤히 보이는가. 그렇지 않다면 다 똑같이 어둠 상태, 깨닫지 못한 상태에 있다. 그러니 참된 공부인은 원을 거듭 굳게 세우고 살아있는 화두를 신분의성으로 깊이 단련하여, 반드시 성품의 맛을 확실히 봐야 한다. 진리, 일원, 참 나, 성품이 무엇인지 눈앞에 보이는 그대로 쏟아져 나와야 깨달음이다.

깨달음에 거의 다 온 중간지대는 없다. 이 정도면 괜찮다고 안주하거나 다독일 틈이 없다. 죽음이 당장 오늘일지도 모르는데, 머리로 아는 데에 속지 말고 실상을 볼 일이다. 99.9%는 깨달음이 아니다. 이 칠흑 같은 어둠 상태로 지금 당장 떠나도 정말 괜찮겠는가?

천상천하 유아독존

 사람들이 본의를 완전 잘못 알고 쓰는 대표적인 법문이 '천상천하 유아독존'이다. 천상천하에 내가 제일 높은 존재라느니, 나 외에는 모두가 아랫사람이라느니, 나 같은 사람은 세상에 하나밖에 없는 존재라느니 하는 의미들로, 잘못 해석되어 쓰이고 있다. '천상천하 유아독존'의 입장에서는 안타깝고 억울할 법하다.

 '천상천하 유아독존'은 천상천하에 오직 나 홀로 높다는 말이다. 그럼 남들은 싹 다 낮은 존재고 너만 홀로 높다고? 자, 그런 뜻이 아니니 호흡을 좀 가다듬고 들어보시라.

 깨달은 이의 안목에서는 정확히 나는 천상천하에

가득하다. 천상천하에 오직 나밖에 없고 나 아닌 것이 없다. 게다가 그 나는 하찮은 나가 아니라 존귀한 신, 부처, 하나님, 위대한 존재라는 뜻이다. 그게 바로 그대이기도 하다.

천상천하 일체가 오직 나며, 그 하나인 나는 만능 만지 만덕을 갖추고 있어, 존귀하고 위대하다. 일체 우주만물이 또한 천상천하 유아독존이다. 온 천상천하에 나 아닌 것이 없으니, 티끌 하나도 유아독존에서 제외되는 것이 없다. 나는 전체에 가득히 존재한다. 내가 곧 하늘이고 신이고 법신불이고 부처이고 일원이다. 나 외에 아무것도 없이 오직 나만 홀로 있다. 그 나는 전지전능의 위대한 존재, 일원, 유일신, 독생자, 독로, 독존이며 일체 우주만물이 또한 그러하다. 그러니 나 외에 다른 신을 믿어서는 안 된다.

천상천하는 곧 시방삼계다. 시방삼계 육도사생의 전 생명이 나의 생명이요, 전체행복이 곧 나의 행복이다. 천상천하 육도사생이 곧 내 몸이니 전체행복이 나의 행복이며, 전체가 잘 되는 것이 내가 잘되는 것이다. 나는 시방삼계 천상천하에 가득히 있는 하나의 몸이며, 그 나는 육도사생과 하나다. 천상천하 유아독존인 자리를 벗어나지 않고 사는 이는, 일체만물을 아끼지 않을 수 없는 동체대비심이 흘러나온다.

남에게 하는 모든 것은 그 하나인 자리에서 볼 때, 나에게 하는 것이다. 일체에 대한 사랑과 불공은, 유아독존인 그 나에게 하는 것이다. 남을 사랑하는 것은 나를 사랑하는 것이며 남을 미워하는 것은 나를 미워하는 것이다. 남에게 잘하는 것이 곧 내게 잘하는 것이다.

온 우주 천상천하가 훤히 다 보고 다 아는 진리의 눈인데, 부처님 손바닥 안에서 아무도 모르게(?) 부당한 이득을 취해 보겠다고 온갖 용을 쓰는 자들이 참으로 가련하고 우스꽝스럽기 그지없다.

천상천하 유아독존인 자리를 떠나지 않고 사는 이는 불안과 고통이 없다. 누구의 무엇 때문에 사네 못 사네 할 일이 없다. 오직 천상천하에 일원인 나 하나밖에 없는데, 나를 괴롭게 할 누가 따로 있단 말인가. 그저 허허허 웃음만 나오지!

천상천하 유아독존인 자리에 머물면 죽음에 대한 공포마저 없다. 온 우주에 나밖에 없는데 어디로 갈 수가 있는가. 오고 갈 곳이 없으니 생과 사가 둘이 아닌 생사일여다. 가득히 있는 존귀한 나는 죽고 사는 존재가 아니라 여래여거如來如去다.

천상천하 나밖에 없는 그 나를 보았다면, 일체의 작용이 나의 움직임이요, 천지의 모든 일이 내가 하는 일임을 안다. 내가 비를 내리고 내가 꽃을 피우며 내가 밤낮을 돌리고 내가 만물을 운영한다. 나는 만물인 동시에 만물의 운영자, 천상천하 가득한 하나의 법신불이다!

천상천하 유아독존의 상태에 머물러 만끽해 보라. 이 얼마나 홀가분하고 자유로운가!

일체유심조 一切唯心造

요즘 같은 폭염에 밖에서 일하다 보면 금세 땀범벅이 된다. 덥고 땀나서 싫다는 마음이 올라올 때면 '남들은 일부러 찜질방도 간다는데 무료 찜질한다 생각하자'고 마음을 바꿔 먹으니, 신기하게도 뜨거운 햇살이 기분 좋게 느껴진다. 똑같은 현상이 마음 따라 좋게도 싫게도 받아들여지니, 세상만사 다 마음먹기 나름이다. 다들 이런 걸 일체유심조라 표현할 것이다.

일체유심조라 하면 항상 떠오르는 이미지가 있다. 바로 원효대사 해골물이다. 신라 승려 원효가 당나라 유학길에 올라 초막에서 자다 마신 상쾌한 물이, 밝을 때 보니 해골에 고인 물이었다는 것이다. 해골 물을 보고 구토를 느낀 원효는, 맛있던 물이 더럽게 변하는 것이 물 자체에 있는 것이 아니라, 다 마음이 만든다는 사실을 깨닫고 신라로 되돌아와 법을 전했다는 일화다. 이 일화가 일체유심조의 대표적 이미지이며, 일체가 다 마음먹기 달렸다는 것이 올바른 해석이라고, 믿어 의심치 않을 것이다. 물론 억지로 꿰맞추면 맞는 구석도 전혀 없진 않겠지만, 위에서 설명한 것들은 일체유심조의 본뜻과는 아무 상관 없는 잘못된 해석이다. 일체유심조는 그런 뜻이 아니다.

한번 생각해 보라. 설마 그 큰스님 원효대사가, 겨우 그 정도 필부필부가 다 알 법한 내용을 가지고, 큰 깨달음을 얻었노라고 구도의 당나라행을 접었겠는가 말이다. 일체가 다 마음먹기 나름이라는 이 평범한 걸 깨달음이라고 한다면, 세상 이느 누가 깨달음을 못 얻겠는가. 그렇게 쉽게 이해되는 일상적인 상태를 견성, 깨달음이라 했을 리가 없지 않은가.

그렇다면 일체유심조는 대체 무슨 의미인가. 일체 우주만물을 오직 마음이 만든다는 뜻이다. 이 말이나 그 말이나 같은 말 아니냐고? 전혀 아니다. 여기서의 마음은 생멸 있는 생각 감정 분별의 마음이 아니라 성품을 일컫는 것이며, 진리 일원 하나님 신 조물주와 같은 말이다. 성품(마음)이 곧 일원이며, 일원은 우주만유의 본원이니 일체를 일원, 즉 마음(성품)이 만든다는 뜻이다. 진리가, 신이 모든 것을 만들어내고 운영하기 때문에 신을 조물주라 한다. 진리가, 마음이 일체를 낳고 기르고 거둔다. 유정물은 생로병사로, 무정물은 생주이멸로, 우주는 성주괴공으로, 천지는 춘하추동으로 끝없이 창조하고 운영한다.

일체는 오직 이 우주 가득한 하나인 마음에 의해서 존재하고 운영된다. 그런 이유로 마음인 내가 조물주요 신이요 하늘이다. 허공은, 진리는 모두의 것이니 일체가 조물주며 신이다. 먼지 하나도 허공 한 지점도, 이 마음을 벗어난 것은 아무것도 없이, 일체가 한 몸인 법신불, 동일체, 동일자다. 견성하지 못하면 일체유심조는 도달할 수도 알 수도 없는 엄청난 경지다.

해골물을 마신 자나 해골물이나 중국이나 신라가 둘이 아니라 하나임을, 마음이 부처이고 신이며 조물주임을 원효는 깨친 것이다.

더럽고 깨끗함은 내가 전체인 법신불에 있지 않고 따로 분리되어 나왔을 때 일어난다. 온 우주가 오직 나밖에 없으니, 더러운 해골물이나 더러움을 느끼는 내가 따로 없다. 더러움도 깨끗함도, 그것을 느낄 자도 없는, 오직 천상천하유아독존임을 깨달은 것이 일체유심조다.

일체유심조의 해석을 일체가 다 마음먹기 달렸다고 한다면, 만약 '저 사람은 소나무다'라고 마음먹으면, 그 사람이 진짜 소나무가 되어야 맞지 않겠는가. 얼토당토않다. 온 우주만물 일체를, 오직 마음 하나가 만든다는 일체유심조를, 본의에 완전 어긋나게 해석하면서도 제대로 안다고 믿고 있으니, 큰스님 원효대사께서 어찌 웃음이 나지 아니하실까.

노는 입에 나무아미타불

'농부거든 농사하며 노는 입에 아미타불, 직녀거든 길쌈하며 노는 입에 아미타불', 고려 나옹화상은 누구나 언제나 노는 입은 염불하라 했다. 몸으로는 일하면서 입으로는 나무아미타불을 염송해서 극락 생활할 수 있는 초간단 수행법이 염불이다. 저녁 시간에 목탁 치며 소리 내 하는 것만 염불이 아니라, 언제든 소리 없이 속으로만 해도 공덕은 같다.

나무아미타불은 아미타불, 자성자리에 돌아가 의지한다, 진리에 모든 것을 내맡긴다는 의미다. '나무'라는 말은 돌아간다, 귀의한다, 머문다, 내맡긴다는 뜻이며, 아미타불은 진리, 자성자리를 의미한다.

'나무아미타불' 한소리에 자성을 돌이켜 그 자리에 머무는 것이 염불이다. 아미타불, 자성에 머물면 모든 사심잡념, 괴로움이 사라지고 언제나 여여한 극락을 누릴 수 있다. 자성이 아닌 경계에 흔들리는 마음, 자기 주견에 의지해서 살아가면, 나무아미타불이 아니라 나무탐진치가 된다. 탐진치에 돌아가면 삶이 힘들고, 아미타불에 돌아가 살면 언제나 극락이다.

내게 찾아오는 모든 것은 진리의 작용임을 각성하여 아미타불에, 진리에, 자성에 툭 내맡기는 이는 삶이 평안하고 자유롭다. 무슨 일이 일어나도, 물론 잠깐 흔들림이 없진 않겠지만, 속 깊이 거기에 빠져 살지 않고, 강물에 두둥실 떠내려가는 나뭇잎처럼, 다 아미타불에 내맡기는 게 좋다. 일어나는 일에 집착도 거부도 하지 않으며, 진리에 툭 내맡기고 편안히 지내는 것이 마음공부다. 아무것도 하지 않고 놈팡이로 살아도 좋다는 말이 아니다. 무엇을 원하고 그 결과를 얻기 위해 최선의 노력은 하되, 결과에 대해 모든 경우의 수를 다 열어놓고 받아들이라는 것이다. 무슨 일이 일어나도 간섭이나 원망이나 질책이나 자책 없이 흔쾌히 받아들이는 것이 가장 편안한 삶이며, 동시에 진정한 수행이다.

일체 일어나는 것들은, 내가 하는 것이 아니라 모두 진리작용이고, 아미타불이 하는 일이고 자성이 하는 일이다. 매 순간 깨어서 열려있으며, 어떤 결과도 온전히 받아들이는 마음이 수용이며 귀의이며 내맡김이며 나무아미타불이다. 진리 자리, 아미타불 자리에 머물러 있으면 이런 일이든 저런 일이든 그저 바람에 흔들리는 깃발일 뿐이다. 깃발이 오른쪽으로 흔들리든 왼쪽으로 흔들리든 좌우로 요란하게 흔들리든 그 깃발 자체가 내가 아니다. 바람에는 좋은 바람 나쁜 바람이 없이, 진리인 내가 하는 일이다. 바람도 깃발도 흔들림도 다 우주 가득한 진공묘유인 진리의 작용이며, 자성인 나의 작용이며, 아미타불의 작용이다. 자성에 머물면, 아미타불에 돌아가면, 일체는 묘유일 뿐 따로 문제 상황이 없다.

나무아미타불은 무슨 일이 일어나든 자성에, 진리에 머물며 일체를 다 내맡기고 내버려두는 것이다. 깨달음의 자리, 불생불멸의 자리, 전체인 자성에 돌아가면 그 자리는 극락이다. 자타가 없으니 괴로움을 줄 상대도, 옳고 그름도, 모자람과 충족함도, 더럽고 깨끗함도, 잘하고 못함도 없다. 일체의 상대적 분별이 없어서 이런 상황이든 저런 상황이든 삶이 아무 문제가 없어지니 모든 순간이 극락이다. 오직 나 하나밖에 없어서 누가 누구를, 무엇이 무엇을 괴롭게 할 수 없다. 그 자리에 많이 머물수록 자유의 힘, 법력이 커지며 괴로움이 소멸되고 모든 문제가 일시에 녹는다. 자성자리, 아미타불 자리는 병 없는 자리, 모든 아픔이 절로 낫는 약이 되는 자리다.

 나무아미타불 한 소리에 자성을 돌이켜, 걸으면서도 쉬면서도 노는 입은 나무아미타불!

나는 죽지 않는다!

 어떤 이는 짧고 굵게, 어떤 이는 길고 가늘게, 어떤 이는 적당히 살다 가기를 원한다. 너무 짧아도, 또 나만 지나치게 길게 살아도 별로일 것 같다. 허나 죽음은 내 의향대로 딱 맞춰 오는 것이 아니다. 언제 어디서 어떤 모습으로 올지 아무도 모른다. 미리 안다고 대비할 수도, 달라질 수도 없다. 별수를 다 써도 막지 못하고, 때가 되면 어련히 알아서 데려간다.

 꿈자리가 어떻다느니, 점쟁이가 뭘 조심하라 했다느니, 그런 무당 같은 소리 부질없고 쓸데없다. 헛소리로 업 짓느니 차라리 입 닫고 잠이나 잘 일이다. 설령 죽음에 대해 안다 한들, 인연과로 오는 진리 작용 앞에 뭘 할 수 있는가. 다가오는 죽음을 막을 길은 없다. 죽음의 날을 알고 사는 것처럼 고통스러운 것도 없으니, 모르는 게 은혜다. 진리는 자비롭게도 죽음의 시간을 아무도 모르도록 설정해 놓았으니 이 얼마나 다행인가.

이제 곧 평균수명 백세시대가 도래한다. 죽음은 단어조차 꺼려지는 두려움이고, 오래 살고자 하는 것은 인간의 본능인가 보다. 중국 진시황은 세상 사는 게 뭐 그리 좋았던지, 불로불사를 꿈꾸며 다양한 영약 불로초를 구해 먹었어도, 겨우 49세에 떠나갔단다. 불로장생을 갈망하는 인간의 욕망이 만들어낸 불사조 피닉스는 500년마다 한 번씩 스스로 향나무를 쌓아 불을 피워 타 죽고, 그 속에서 다시 살아난다는 이집트 신화 속에 나오는 새다. 피닉스처럼 살면 좋겠다 싶은 이도 있겠고, 80세도 길다 여기는 이도 있겠다.

죽음의 문제는 누구에게나 깊은 화두다. 잘 살고 잘 죽는 것, 생사해탈이란 무엇일까. 생사해탈은, 나이가 웬만큼 들어 죽음을 담담히 받아들일 준비가 되어 있다거나, 지금 당장 죽어도 아무렇지 않다거나, 남을 위해 기꺼이 목숨을 바칠 수 있다거나, 빨리 죽고 싶다거나 하는 마음상태를 말하는 것이 아니다.

생사해탈의 전제조건은 불생불멸의 진리를 요달하여 나고 죽는 데에 끌리지 않는 것이다. 핵심은 견성을 못한 이는 결코 생사해탈을 할 수 없다는 뜻이다. 일체가 텅 비어 오고 갈 곳 없는 불생불멸한 성품을 훤히 보아야 생사해탈이 가능하다.

우리는 어느 누구도 죽지 않는다. 우주 가득한 신령한 성품인 나는 죽지 않는다. 갈래야 갈 곳도 없고 갈 수도 없다. 온 천지에 나 하나뿐인데 어디로 갈 것인가.

나라고 믿었던 몸과 의식은 생멸이 있지만, 성품인 진짜 나는 생사가 없다. 변화하는 것, 사라지는 것은 색과 수상행식, 몸과 의식이지 성품 자체는 불생불멸이다. 생로병사 하는 것은 기질이지 영이 아니다.

영은 온 우주에 하나다. 하나의 신령한 영이 온 우주에 가득하여, 다 보고 듣고 다 알아 작용대로 재구성시키며, 일체만물 허공법계를 다 운영한다. 그 하나의 영이 바로 마음바탕 성품인 나며, 일체 우주만물의 것이기도 하다.

진공으로 체를 삼아 진공 자리에 머물면 죽음이란 없다. 그 진공, 성품이 바로 나이니, 그 자리에 툭 맡겨 두고 아무 걱정 없이 잘 지내는 것이 생사해탈이다. 불생불멸임을 아는 까닭에 생사에 관여하거나 끌리지 않고 온전히 내맡긴다. 생멸 없는 진여가 곧 나이니, 여여한 마음으로 영원히 잘 산다. 항상 자성을 떠나지 않는 것이 잘 살고 잘 죽는 생사해탈이다.

사실은 말이지, 단지 해탈하고 못하고의 차이만 있을 뿐, 견성과는 무관하게 아무도 죽을 수 없다는 이 엄청난 천기누설!

나는 기적을 행한다!

나는 물 위를 걸을 수 있다. 나는 날아다닐 수도 있고, 눈비를 오게 할 수도 있다. 나는 무엇을 태어나게 할 수도, 사라지게 할 수도 있으며, 죄벌을 줄 수도 있다. 뭐든지 할 수 있는 만능자인 내겐 불가능이 없다. 나는 일체의 기적을 행할 수 있다. 심히 부럽지 않은가. 어떻게 그런 능력을 갖추게 되었는지 묻지 말라. 그냥 애초부터 가지고 있는 능력이니 말이다.

이 모든 게 가능한 이유는 내가 곧 천지이고 천지가 곧 나이기 때문이다. 천지가 하는 일체의 일은 내가 하는 것이다. 나 아닌 것이 없으니, 물 위를 걷는 무엇이 있다면 내가 걷는 것이요, 하늘을 날고 있는 것도 다 나다. 우주 안 일체 존재가 곧 나요, 일체의 작용이 나의 작용이요, 일체의 변화가 나의 변화다.

우주 안 이 모든 존재들을 동시에 동작시키는 것은 우주에 가득한 무한동력이다. 배터리 없이는 일체 존재는 한 치도 움직일 수 없는 로봇이다. 로봇은 배터리가 있어야 눈 한번 깜박이고 한 걸음 걷고 동작 하나가 가능해지며, 그 모든 작동은 정교한 프로그램에 의해 이뤄진다. 배터리와 프로그램 없이는 개미 한 마리도 꼼짝할 수 없다. 일러주지 않았는데 신기하게도 새들은 때가 되면 집을 지을 줄 알고, 알을 낳아 새끼를 키울 줄 안다. 우주 안 무량무수의 존재들이 쉼 없이 신비롭게 다 알아서 작동되고 있다.

인간 한 몸을 구성하는 100조가 넘는 세포를 정밀하게 운영하고, 숨 쉬고 소화시키고 순환시키고 배설시키고 성장시키면서, 삐걱거림 하나 없이 원활히 동작시키려면, 얼마나 많은 프로그램과 배터리가 필요할까. 이 육근 하나 자유자재로 움직이도록 운영하는 것도 불가사의한 신비이고 기적인데, 일체 우주만물 모든 존재를 동시에 숨 쉬고 움직이고 존재하게 하면서도, 프로그램은 오류가 발생한 적이 없고, 배터리는 한시도 멈춘 적이 없다. 모든 존재와 그것의 작용 일체가 기적이고 이적이고 신비이고 신통묘술이고 마술이고 묘유다.

정말 믿어지지 않는 기적은, 이 모든 것을 저 텅 빈 허공이 한다는 사실이다. 이 눈앞 텅 빈 허공이 그 모든 프로그램의 운영자이며, 일체 움직임에 필요한 무한한 배터리를 제공하여 작동하게 만든다니, 이처럼 신기하고 기적 같은 일이 어디 있단 말인가. 텅 빈 허공이 태어나게 하고 죽게 하고 생각하게 하고 걷게 하고 꽃피게 하고 비를 내리고 온갖 것을 다 한다. 이 텅 빈 허공이 무한대의 우주까지 한순간도 쉼 없는 무한동력을 제공하고, 만능만지로 한 치의 오류도 없이 프로그램을 운영한다. 이 모든 것이 기적이지, 이상한 짓 하는 게 기적이 아니다.

일체가 기적 아님이 없다. 그 무한동력, 만능만지, 전지전능함이 바로 성품인 나다. 허공이 곧 일원이며 신이며 하나님이며 진리이며 천지자연이다. 천지와 동일체인 내가 이 모든 것을 행한다. 천지가 곧 나고 내가 곧 천지다. 천지와 하나인 나의 뜻대로 만사가 성사되고 있다. 모든 일은 다 정확하고 바른 것이며 잘못되거나 나쁜 것은 없다. 좋고 싫음을 분별하지만 않으면, 모든 것은 다 진리이며 기적이다. 그 정확하고 위대한 일을 다 내가 한다.

일체가 기적임을 아는 것이 깨달음이며, 대도정법은 사람으로서 잘 사는 길을 제시하는 인도상요법이다. 신비한 다른 기적을 찬양하고 부러워하는 이는 선천시대 무지한 중생이다.

태어나고 자라나고 날고 기고 먹고 웃고 싹을 틔우는 일체가 기적 아님이 없다. 기적을 행하는 신은 따로 없다. 이 글을 읽는 그 자체가 기적이며, 그대가 바로 기적을 행한다!

만법귀일

'만법귀일 일귀하처, 만법이 하나에 돌아갔다 하니 그 하나는 어디로 돌아갈 것인가' 깨침의 여부를 가늠하는 최고의 화두 중 하나다. 선사들의 화두는 해석을 잘하느냐 못하느냐로 결정되는 것이 아니다. 개떡같이 말해도 그 자리를 훤히 깨달아 표현하고 있다면, 영생사가 해결되고 있는 경사요, 찰떡같이 해석을 잘해도, 나와 만법과의 관계를 모른다면 빛 좋은 개살구다. 만법귀일과 나의 관계를 아는 것이 관건이다.

만유의 움직임을 만법이라 한다. 만유를 하나가 운영하므로 만법귀일이며, 그 하나가 일원이다. 일체 우주만물은 각각의 운영자가 따로 있지 않다. 온 우주 허공법계와 무량무수의 유정물 무정물의 운영자는 오직 하나다.

독자적인 나의 운영자가 따로 있어서 내 의지대로 사는 것이 아니다. 내 마음이 나의 의지대로 되는 것이라면, 지금부터 아무 생각도 하지 말아보라. 아무리 안 하려고 해도 의지와 상관없이 무슨 생각이든 떠오르고 사라지기를 반복할 것이다. 내 몸이니 내 의지로 조정이 가능하다면, 몸이 어떤 작용도 하지 않도록 한번 해보라. 불가능하다. 하다못해 재채기를 하든 하품을 하든, 순환을 시키든, 눈을 깜박이든, 숨을 쉬든, 한순간도 몸이 아무것도 안 할 수가 없이 저절로 움직인다. 일체의 심신 작용을 내 의지대로 하는 것이 아니다. 의식이 다 끊어져 잠들어 있을 때도 진리가 다 알아서 자동적으로 작용되게 한다. 죽는다고 그 작용이 멈추는 것이 아니다. 내가 일으킨다고 하는 모든 의지조차도 진리에 의해 일어난다.

하나의 위대한 법신불이 모든 심신작용을 쉼 없이 경영한다. 하나의 법신불이 만법귀일처이며, 이것이 일체 만물을 멈춤 없이 작동되게 한다. 그 작용으로 드러난 모습을 크게 분류하면, 성주괴공 생주이멸 생로병사 춘하추동이며, 관여되지 않는 것이란 먼지 하나도 없다.

　일체 우주만물의 작용인 만법은 오직 하나가 한다. 그 하나는 텅 빈 허공이며, 신령한 것, 공적하면서 영지함이다. 하나로 돌아간다는 말은 언어적 표현일 뿐, 정확히는 어디로 돌아가는 것이 아니다. 일체는 그 자리를 떠날 수도, 떠난 적도 없다. 떠난 적이 없으니 돌아가고 말 것이 없다. 동작이나 노력이나 시간이 필요한 돌아감이 아니라, 알고 모르고의 문제다. 사실, 깨달음 여부와 상관없이, 우주만물은 언제나 이 허공 하나가 운영한다. 만법귀일처인 일원, 성품, 허공 하나가 만법의 주관자다.

　하나로 텅 빈 허공이, 호리도 착오 없이 무량수의 묘유, 즉 이 현실이라는 장엄한 불국토를 전개 중이다. 만법귀일처인 진공에, 영지가 가득하여, 다 보고 다 알아 작용대로 다시 만법으로 드러내는 것이, 소위 '인과'다.

　만유는 한 체성이며, 만법은 한 근원이다. 만유는

하나인 텅 빈 자리, 공적영지, 본원, 성품, 일원에 근원해 운영되고 있다. 따로 있는 개별적 내가 육근을 운영하는 것이 아니라, 만법귀일처가 운영한다.

   만법귀일한 그 자리에 머물면 오고 갈 것도, 주고받을 것도, 고락도, 자타도 없어서 곧 극락이다. 만법귀일처와 나와의 관계를 아는 것이 깨달음이다. 괴로움으로부터의 해탈, 열반, 자유의 세계에 이르는 길은 오직 깨달음을 얻어 활용하는 일이다. 이 자리를 모르면 상대적인 분별을 지어내, 자승자박의 고해에서 평생을, 아니 영생을 윤회하게 된다. 이러하든 저러하든 일체 우주 만유는 이미 다 같은 극락, 자유로운 진리의 포태에 영원히 동거 중이다.

백척간두 진일보

흔히 삶을 백척간두로 비유해, 백척간두에 서 있는 심경으로 살아간다는 표현들을 쓰곤 한다. 백척간두란, 더 이상 나아갈 수 없는 막다른 길, 절망적인 상황에 처했을 때를 비유해 가져다 쓴다. 더 이상 오를 곳도, 나갈 수도, 물러설 수도 없는 상황을 백척간두라고 묘사하곤 한다. 사실 백척간두에 서 있다느니, 백척간두 진일보의 심경으로 무엇을 한다는 말은 맞지 않다. 백척간두 진일보란 이런 부정적인 상황을 묘사하는 말도, 삶의 태도를 표현하는 말도 아니다.

백척간두란 아주 높고 긴 장대를 이른다. 1척이 약 30센티 정도이니, 백 척은 대략 30미터 높이다. 백이란 단순한 수의 개념보다는 아주 큰 것을 지칭한다. 30미터 위에서 내려다본다고 생각만 해도 아찔한데, 그런 백척간두 끝에서 한 걸음 나아가라는 말은 대체 어쩌라는 것인가. 죽으라는 말인가.

원래 이 말은 백척간두 진일보 시방세계 현전신百尺竿頭 進一步 十方世界 現全身의 줄임말이다. '백척간두에서 진일보할 때 시방세계에 편만한 온전한 몸이 드러난다'는 깨달음의 순간을 표현한 것이다. 시방세계란 온 우주며, 온전한 몸이란 법신불 진리 참 나 자성이다. 백척간두에서 진일보하면 온 우주 한 몸인 법신불 진리 신 참 나 성품이 드러난다, 즉 깨달음에 이른다는 뜻이다.

깨달음을 얻기 위해 온갖 수행을 거쳐 오르고 올라, 더 이상 오를 곳 없는 최고봉에 이른 상태가 백척간두다. 온갖 정성으로 고행 난행 수행을 해서, 남들 다 우러러보는 가장 높은 곳, 백척간두에 이르렀어도 결국 한 걸음을 내딛지 못하면, 깨달음을 얻지 못하면 다 허사다. 진일보해야 비로소 깨달음이다. 백척간두에 올랐느냐보다 진일보를 했느냐가 핵심이다.

공부인들에게 깨달음이 일어나지 않는 단 하나의

이유는, '나'를 결~코 놓지 못하기 때문이다. 단지 이것 하나가 깨달음을 막는 견고한 장애물이다. '내가' 무엇을 깨달으려고 하기 때문에 깨달음은 일어날 수 없다. 깨달음을 얻을 '나'가 따로 없는데, '육근'이라고 하는 그 '나' 하나를 놓지 않은 채로, 또 다른 '진짜 나'를 보고자 무진 애를 쓰는 어리석은 노력을 백척간두라 한다.

'달마가 동쪽으로 간 까닭은'이라는 영화에서 물에 빠진 동자승이 살려고 발버둥치다 한순간 '심신'을 툭 부려 내맡기니, 비로소 몸이 물 위로 가벼이 떠올라 자유를 얻는다. 내가 따로 없음을 딱 믿고, 전체가 나임을 온전히 받아들이면, 그것이 진일보요 깨달음이다. 많은 수행을 했는가 아닌가는 상관없이, 오직 진일보를 했는가 아닌가, 깨달음에 도달했느냐의 여부만이 영생사의 해결을 좌우한다.

머리로는 결코 도달할 수 없는 무아의 경지, 나로 삼았던 오온의 내가 사라지고, 일체가 나 아님이 없는 상태, 나를 툭 놓아버린 순간, 시방세계 전체가 온통 나 하나로 가득함을 보는 것이, 바로 '백척간두진일보

시방세계현전신'이다. 나로 믿었던 일체가 한순간에 사라지고, 천지와 하나된 상태, 전체가 나임을 완벽히 깨달은 것이 백척간두에서 진일보한 상태다.

    도를 구하는 이들이 한결같이 걸려 넘어지는 지점이, 바로 백척간두까지 열심히 수행해 올라가고도, 한 걸음을 내딛지 못함이다. 따로 있다고 믿는 그 나를 놓는 순간 깨달음이 온다. 백척간두진일보 시방세계현전신은, 깨달음이 일어나는 환희의 순간을 표현한 법문이다.

둥근 달은 365일 뜬다!

    일 년에 둥근 달은 몇 번 뜰까요? 이런 쉬운 난센스 퀴즈에도 곧잘 넘어가는 이들이 있다. 둥근 달을 보름달로 착각해, 아무 의심 없이 일 년 12달이니, 12번이라고 답한다. 답은 '365일 언제나'이다. 답을 알려줘도 바로 못 알아듣는 게, 순진한 이들의 특징이다. 어리둥절한 표정으로 잠시 생각하다가 '아하, 그러네!' 하고는 도통하는 소리를 내며 고개를 끄덕인다.

    달은 언제나 둥글다. 달이 지구 주위를 한 달에 한 바퀴 돌 때, 태양 빛이 비치는 부위에 따라, 지구에서 보면 전혀 보이지 않기도 하고, 혹은 절반만, 혹은 전체가 보이기도 할 뿐이지, 달 자체는 일 년 365일, 밤이나 낮이나 늘 둥글게 떠 있다.

흔히 성품을 마음 달로 비유한다. 참 달은 허공에 홀로 있는데 천 강에 비치면 천 개로 나타나듯, 본래 성품은 하나인데, 일만 경계를 당하면 일만 개의 모습으로 나타난다. 여기서 천이나 만은 숫자가 아니라 일체를 뜻한다. 천 강에 비친 달이 참 달이 아니라, 허공 달이 참 달인 것을 아는 것과 같이, 천만 경계에서 일어나는 마음이 참 마음이 아니라, 본성이 참 마음이니 참 마음을 찾으라는 의미다.

본래 청정한 성품 하나가 우주를 성주괴공으로, 만물을 생로병사로, 천지를 춘하추동으로 변화시키는 위대한 주인공이다. 허공 달은 주인공인 성품을 말하며, 천 강에 비친 달은 성품이 드러나는 일체의 심신작용과 산라만상을 비유한다. 하나의 허공 달이 참 달이며, 천개의 강에 비쳐 나타난 천 개의 달은 실체 없는 그림자이지 참 달이 아니다.

여기서 자칫 착각을 일으킬 수 있는 비유의 오류가 있다. 강에 비친 달은 참 달이 아닐까? 그렇지 않다! 강에 비친 달, 경계에 작용하는 모든 마음 역시 진리이며 부처이다. 진공으로 보면 허공달도 실체가 아니라 공한 것이요, 강에 비친 달도 공하며, 묘유로 보면 허공달도 강에 비친 달도 다 묘유다. 본래 성품도, 드러난 심신작용도, 우주만유도 다 진공묘유의 진리의 모습이다.

일체가 부처이며 부처의 작용이니, 정확히는 강에 비친 모든 달이 참 달이며 다 둥근 달이다. 둥글게 생겼든 반쪽이든 찌그러졌든 다 부처이며, 이렇게 하든 저렇게 하든 다 부처의 작용이니, 일체가 허공달이고 둥근 달이며, 본래 온전하다. 자성의 생생약동하는 모습인 경계를, 좋거나 나쁘다고 해석하는 분별망상이 도둑이지, 경계 자체는 아무 문제 없는 중립 상태다.

일체의 달은 참 달이고 언제나 둥글며, 어떤 모멸과 어떤 상황에 처해도 위대한 전지전능한 신인 그대는 털끝 하나 상하거나 쪼그라들지 않는다. 오직 깨달음을 얻어 일체가 부처임을 아는가 모르는가, 즉 괴로움을 벗어날 힘이 있는가 없는가만 중요할 뿐이다.

참 달 자성을 발견해 일체처 일체시에 늘 둥근 달 자성을 비추고 살면, 비가 와도 태풍이 불어도, 밤에도 낮에도 언제나 여여하다. 참 공부인은 경계에 끌려다니지 않고, 경계 속에서 실력을 단련하며, 자성반조를 놓지 않고 365일 언제나 둥근 달로 지낸다.

달을 보는 이들이 시공을 초월하여 하나의 달을 보듯, 늘 자성을 떠나지 않고 비추며 사는 이들은, 하나의 자성에 머무니 심월상조心月相照, 마음 달로 서로 비추는 자리에서 심심상연한다.

마음 찾는 주인공들이여! 제일 먼저 보고 소원 빌어야 이뤄진다고, 보름달만 기다려 찾지 말고, 본성마음 마음 달 발견하도록 간절히 빌어보심이 어떠신가.

신이 만든 것은 다 완벽하다!

　조각 같은 외모나 빼어난 자연경관을 보면 신의 피조물이라고 감탄하거나, 모든 면에 빼어난 인물을 보면 백년에 한번 나오는, 하늘이 낸 사람이라 찬양하기도 한다. 이는 잘못된 표현이다. 하늘 아래 신이 만들지 않은 것은 아무것도 없다. 또한, 신이 만든 모든 것은 완벽하다. 일체 만물은 신의 작품이라 완벽하며, 일체의 움직임은 다 신의 작용이라 온전하다.

　진리는 텅 빈 가운데 음양의 기운이 가득하여, 우주 삼라만상을 영원히 살아있게 한다. 그 텅 빈 것이, 음양의 기운으로 일체를 낳고 기르고 다시 거두어가며, 다 보고 다 알아 작용한 그대로 정확히 되돌려 드러내

주고 있다. 지금 나타난 그대로가 다 신의 모습이며, 진리이며 본성이며 법이며 경전이다.

경전이란 신이 어디에 있는지, 어떻게 생겼는지, 어떤 작용을 하고 있는지를 보여주는, 신을 가리키는 손가락이다. 사서삼경이나 팔만대장경이나 교회의 서적들만 경전이 아니다. 신이, 진리가, 성품이 삼라만상으로 온 천지에 드러나 있는 이것이 생생약동하는 진짜 경전이다.

진리를 글로 표현한 경전은, 인간의 필요에 의해 지역에 따라 시절에 따라 수없이 첨삭되고 재편되어 왔으므로 무오류가 아니다. 이 세상에 존재하는 경전을 다 합해도, 이 무량한 참 경전에 비하면 한 줄 분량도 되지 않는다. 매 순간 펼쳐지는 진리의 소식, 무량한 작용은 언어로 기술할 수 없는, 그야말로 언어도단이다.

매 순간 전개되는 일체 우주현상은, 진공묘유, 공적영지, 불생불멸 인과보응이 여실히 드러나는 참 경전, 산 경전, 삼라만상 경전이다. 무량하게 끊임없이 펼쳐져 있는 이 경전을 발견하는 것, 우주법계 모두가 경전 아님이 없음을 보는 것이 견성이다. 일체가 신의 작품이며 신의 피조물이며, 생생한 삼라만상 경전이다. 삼라만상에 전개되는 이 놀라운 신의 작품들인 경전이 보인다면, 그것처럼 큰 행운이 없다.

일체를 신의 작품이며 신으로 대하는 그것이 바로 신앙이며, 신의 입장에서 이 육근을 작용하면, 그것이 바로 수행이다. 이런 모습이든 저런 모습이든, 파괴든 죽음이든 모두 신의 작용이며, 불생불멸 인과보응이 작용되는 엄숙한 경전이다. 자신을 대하거나 일체 만물을 대하거나 신으로, 신의 작용으로 경건하게 대하면 그것이 곧 신앙이요 수행이다.

오직 인간이 만들어낸 분별심만이 괴로움의 근원이다. 전체에 턱 머물러 분별심만 내려놓으면 일체가 아무 문제없는 신의 작품이며 신의 작용인데, 스스로 만든 허깨비 망상을 끌어안고, 창살 없는 감옥을 만들어 몸부림치는 이는 바보다. 높고 낮음도, 좋고 나쁨도 없으니, 주어지는 대로 무심히 잘 지내는 이는 현명하며, 그 순간이 바로 극락이다.

경전 많이 읽고 쓴다고 깨달음 일어나는 것이 아니다. 안 한 것보단 낫지만, 언제 사그라들지 모르는 연기 같은 생명인데다, 나이 들어갈수록 깨닫기도 어려워지니, 하루라도 젊을 때 어서 깨치는 데 공들일 일이다.

모든 존재, 모든 작용, 허공 일체를 묘하게 바라보라. 일체가 신의 작용이며 곧 신임을 믿으라. 산 경전, 삼라만상의 운영자가 무엇인지 골똘히 찾으며, 화두를 강하게 들고 놓지 말라.

삼라만상 산 경전이 매 순간 이렇게 생생히 전개되고 있는데, 눈앞에 이 완벽한 경전을 두고도 두 눈 뜨고 못 본다니, 참 신통할 따름이다. 신이 만든 것은 모두 완벽하며, 신의 작용은 모두 온전하다. 우리는 모두 완벽하며, 백년에 한번 나오는 하늘이 낸 사람들이다!

개에게는 불성이 없다

개에게는 불성이 없단다. 중국 당나라 조주선사에게 한 학인이, "개에게도 불성이 있습니까?"라고 물었다. 조주는 "없다"고 답했다. 의문의 1패라더니, 괜히 가만있는 개들만 참 안됐다. 이곳 선원에도 세상에서 가장 행복한 개, 무무와 하늘이가 있는데, 이 아이들이 들으면 얼마나 낙심할꼬. 기억력 없다는 물고기나 닭도 아니고, 나름 머리 좋기로 인정받은 동물인데 하필 개한테 불성이 없다니 이게 대체 무슨 말인가. 게다가 '일체중생 개유불성一切衆生 皆有佛性', '일체중생이 모두 불성을 가지고 있다'고 『열반경』에 딱 나와 있는데, 개들이 글 못 읽고 말 못 해 망정이지 그렇지 않았다면 이미 들고 일어났을 판이다.

누군가 내게 한술 더 떠, "사람에게 불성이 있습니까?" 하고 묻는다면 주저 없이 조주처럼 '없다'고 답할 것이다. 무엇을 들어 말해도 답은 마찬가지다. 견성하지 못한 이에게는 알려줘 봤자 돼지 목에 진주 목걸이라, 얕은 지식으로 묻기 좋아하는 이에게는 여차저차 답해줘 봐야 머리만 커져 깨달음의 장애물만 늘린다. 깨달음은 말장난이나 진리 논쟁에서 우위를 점하는 일이 아니다.

머리로 진리를 이해하려는 고준한 논쟁자들을 조주는 특별히 경책하며, '차나 한잔 마시고 가라'며 소위 '끽다거喫茶去' 한마디로 보내버렸다. 깨달음의 장애물을 하나라도 줄여주려는 자비다.

깨달은 이는 개에게 불성이 있냐고 묻지 않는다. 묻는 이는 깨달음을 얻지 못했음을 여실히 드러낸 것이다. 깨치지 못한 이에게는 있다고 해도, 없다고 해도 못 알아듣긴 마찬가지다. 법신불 자리를 모르니 나와 개를 분리해, 개에게 불성이 있냐고 지식 머리로 묻고 있는 것이다. 이런 이에게 '있다'고 답하면 건성으로 넘어갈 게 뻔하니, 법문과 다르게 '없다'고 답하여 생각 노선에 혼란을 일으켜 준 셈이다.

진리를 머리로 이해하는 이들을 대할 땐, 그가 있음에 집착하면 없다고 답하여 그 굳은 관념을 깨주고, 없음에 집착하면 있음으로 보여주어 빠져나갈 사량계교의 문을 다 막아주어야 한다. 머리로 도달할 수 없을 때 스스로 깊은 참구 끝에 문 없는 문이 열린다.

따로 있는 불성은 없다. 개와 사람을 구별 짓는 자리에서는 무엇을 답해도 다 맞지 않다. 오직 나눠지지 않은 유일한 법신불만 있을 뿐, 나와 너, 개나 고양이로 따로 나눠진 불성은 없다. 사실, 깨달은 자리에서는, 진공으로 보면 '없다'고 답할 수 있고, 묘유로 보면 '있다'고 답할 수 있다. 있다 해도 맞고, 없다 해도 맞으니, 있다고 하는 이에게는 없다고 답하고, 없음에 집착한 이에게는 있다고 답해 관념을 깨주는 것일 뿐, '있다, 없다'가 핵심이 아니다. 살불살조殺佛殺祖라, 부처를 만나면 부처를 죽이고, 조사를 만나면 조사를 죽이라 했다. 부처와 조사가 따로 있다는 분별심을 가지면 깨달음이 일어나지 않는다. 본성에서는 부처도 조사도 사람도 개도 중생도 없이 오직 공적영지심 하나뿐이다. 분별심으로 묻는 이에겐 있다고 해도 잘못이요, 없다고 해도 잘못이다. 아는 이는 있다 해도 알아듣고, 없다 해도 긍정이라, 자성 자리에서 염화미소로 소통한다.

 모름지기 선문답은 말없이 뚫는 자리며, 깨친 사람끼리 소통하는 방식이고, 무지한 이들을 깨우치기 위해 앞뒤 안 맞게 화두를 던지는 일이니, 부디 머리에 속지 말지어다. 오직 분별 사량만이 요물이니, 부처인 무무야 하늘아, 걱정 말고 불성 자리에서 신나게 뛰놀 거라.

그림 속 달마를 걷게 하다

 "벽에 걸린 달마를 걷게 할 수 있느냐?"고 묻는 선사에게, 열 세 살짜리 이청풍이 벌떡 일어나 걸어간다. 어라~, 저 아이가 뭘 좀 아네. 선사가 다시, "움직이지 말고 도를 보여 줄 수 있느냐?" 하니, 방아 찧던 절구를 들고 그대로 멈춰 서 있다. 깜짝 놀란 선사가 무릎을 치며, 십삼세각十三歲覺이라고 견성인가를 내린다. 평소 선사의 문답 유형을 파악한 대종사가, 이런 질문에는 이렇게 하라고 어린 청풍에게 미리 모범답안을 일러 놓았다. 그 몰래카메라 각본대로 속는 선사를 보시고, 웃음 참느라 힘드셨을 모습이 눈에 선하다.

 만일, 견성이 선각자들의 모범답안들을 외워 해결

된다면, 석 달 열흘이라도 세상 모든 답안을 외울 의향이 있을 것이다. 영생문제 해결에 그깟 백일을 투자 못할까. 문제는 머리로 외운 지식은 견성과 관련이 없다는 사실이다. 한번 본 것은 절대 잊지 않는 천재라도, 혹은 모든 과학적 원리에 다 통달한 이라도 견성과는 별개다.

견성인가를 내리는 일은 매우 정밀한 테스트를 필요로 한다. 진리를 잘 설하거나 실천하는 것만 보고는 그 사람의 견성 여부를 결코 알 수 없다. 일체의 심신작용이 모든 이의 추앙을 받을 만큼 훌륭하고, 진리에 대해 잘 설한다 해서 그것이 곧 견성과 직결되지는 않는다. 언행으로 한 사람의 깨달음의 여부를 알 수 없다는 뜻이다.

그 자리를 아는 이라야 상대방의 견성 진위를 알아볼 능력이 있다. 먼저 전방위적으로 정밀히 문답하여, 눈동자의 미동도 없이 막힘없이 답이 나오는가를, 여러 질문들을 통해 확인해야 한다. 눈앞에 보이는 진리를 그대로 말하는지를 정확히 봐줘야 하는데, 머리로 이해한 것을 조합하고 있는 증거가 바로 눈동자의 움직임이라 즉시 들통난다.

   기출문제의 답을 다 외워서 답하는 제자들 때문에, 선사들은 계속 다른 질문들을 만들어 내야 했다. 이런 선사들의 테스트 문항을 화두 공안 의두 문목이라고도 하는데, 일반적으로 화두라 부른다. 헤아릴 수 없이 많은 화두들은, 선각자가 제자들의 깨침 여부를 알아보기 위한 테스트 항목이면서, 깨침을 유도하는 문구가 되기도 한다.

   본성에서는 일체 유정 무정 우주만물이 오직 법신불, 한 몸이다. 본성에 머물면 나 아닌 것이 없으니 달마와 나는 같다. 일체가 나이며 일체의 움직임이 본성인 내가 하는 것이다. 그 자리에서는 달마와 내가 하나라, 내가 걷는 것이 곧 달마가 걷는 것이다. 걷는 것만이 아니라, 달마를 말하게 할 수도, 노래하게 할 수도, 춤추게 할 수도 있다.

   성품은 오직 하나며 나눠진 성품은 없다. 일체는 성품 하나가 운영하니, 일체만물의 본성은 동일하다. 우주만물은 이 본원, 일원, 법신불, 성품 하나가 낳고 기르고 운영하고 움직이게 하고 생각하게 하고 사라져가게 한다.

내가 따로 있다는, 나의 운영자가 이 몸 안에 따로 있다는 생각만 버리면 곧 깨달음이다. 일체 우주만유는 그 운영자가 안에 따로 있지 않고, 온 우주로 훤히 열려 있다. 달마의 운영자도 바위의 운영자도 개의 운영자도 성자의 운영자도 허공의 운영자도 우주의 운영자도 사람의 운영자도 오직 하나, 우주 가득한 텅 빈 만능자 일원, 법신불, 성품, 본원이다.

그 하나인 자리에 머물면 무엇이 움직여도 성품이 한 것이다. 일체의 작용은 성품의 작용이다. 이쪽에서 작용해도, 저쪽에서 작용해도, 하나인 성품이 한 것이다.

성품자리에서는 달마와 내가 하나이니, 자, 그럼 지금 당장 달마를 환히 웃게 해보시라.

유일신을 믿지 말라

유일신은 따로 없다. 참된 종교는 유일신이 따로 없음을 깨닫게 해주는 가르침이다. 신은 자기를 믿는 자든 믿지 않는 자든, 그 누구의 편에도 서지 않는다. 신의 입장에서는 상대가 없다. 마음에 상대가 없으면 싸움이 일어나지 않는다. 싸울 상대 자체가 원래 없다.

따로 있는 신을 누가 믿는다는 것은 맞지 않다. 믿어야 할 신이 따로 없다. 신이 하늘 어디에 따로 있으며, 어디까지가 신이 계시는 하늘인가. 어딘가에 따로 있는 신은 존재하지 않으며, 일체가 신 아님이 없이 그대 자체가 곧 신이다.

유일신을 믿는다는 것은, 신이 따로 있고, 신을 믿

는 내가 따로 있다는 말이니, 명제 자체가 잘못되었다. 정확한 진실은 신이 곧 나요 내가 곧 신이다. 하나이기에 믿음을 받는 자와 믿음을 내는 자가 둘로 나눠지지 않는다. 믿는 대상과 믿는 자는 동일자, 즉 '나 자체가 신이니, 내가 유일신을 믿는다'는 말은 성립할 수 없다.

믿는 자와 믿음의 대상이 본래 하나임을 확인한 것이 깨달음이다. 유일신이 곧 전체이며, 전체가 곧 유일신이다. 티끌 하나 제외 없이 우주 전체가 한 몸, 유일신임을 확인했다면, 한 몸인 나를 해치는 싸움이나 전쟁은 일어날 일이 없다. 상대가 끊어진 자리를 아는 이들은 평안하고 지혜로우며 복 받고 진급하는 이들이다.

내 편 네 편을 갈라 싸움을 즐기는 이는 어리석고 유치하며 불운하고 불행하다. 자신과의 싸움이든 상대와의 싸움이든 지역이나 종교, 정파, 나라 간의 싸움이든, 싸움이 많은 이들은 편 가르기를 좋아한다는 특징이 있다.

따로 있는 유일신을 설정하여 믿는 이들은 원수를 사랑하라 말하면서, 늘 싸움을 품고 사는 모순에 빠진다. 잘못된 신념 때문에 필연적으로 적이 만들어진다. '나 외에 다른 신을 믿지 말라'는 잘못된 믿음이 강할수록 상대에 대해 배타적이다. 쉽게 말해, 그들을 다 적으로 삼는다는 말이다. 신앙의 이름으로 벌이는 싸움은 가장 위험하며, 빠져나갈 출구가 없는 재앙이다. 신앙의 명목 하에 목숨 걸고 싸우니 극단적인 형태가 되며, 남을 죽이는 전쟁에서 승리하는 것을 신의 가호로 미화하고 정당화한다. 잠시 협상하여 전쟁을 멈췄어도, 싸움의 요소는 항상 도사리고 있다. 그대 주위와 전 지구, 나아가 우주의 평화를 위해서는 하루 빨리 모두 깨달음을 얻어 유일신을 따로 믿는 어리석음에서 벗어나야 한다.

나와 신은 하나라서 유일신이다. 일체가 한 몸, 천상천하에 오직 나 하나, 우주 일체만물이 먼지 하나도 제외 없이 하나라서 유일신이라 이름붙인 것이다. 나와 일체가 한 몸이니 유일신이 곧 나다. 어리석은 이들은 이 말을 잘못 해석해, 따로 유일신이 있다고 믿으며, 그 유일신을, 따로 있는 내가 믿는다고 여긴다. 내가 따로 있고, 내가 믿는 신이 따로 있다고 믿는다면,

참된 가르침을 만났어도 유일신을 믿는 어리석음에 빠진다. 온 우주에 나밖에 없는데 누가 누굴 믿을 수 있는가. 그저 하나 자리에 머물 뿐.

모두가 유일신이며 하나의 몸, 법신불이다. 법신불을 떠난 화신불은 없으며, 화신불이 곧 법신불이다. 예컨대, 세포 없이 이 몸이 구성될 수 없듯, 세포 하나가 전체이며, 전체는 세포들로 구성되니 '일즉다 다즉일一卽多 多卽一'이다. 나는 세포가 아니라 전체 몸이 곧 나다.

온 인류, 온 우주가 한 몸, 법신불, 오직 나밖에 없음을 깨닫는 것이 얼마나 중하고 급한 일인지, 통곡의 심정으로 기도하는 요즘이다. 결국 다 나의 일이니 이 일을 장차 어찌할꼬.

그대는 어디서 와서 어디로 가는가
(불생불멸)

어디서 왔느냐? 깨침의 여부를 알아보기 위해 선각자들이 던지는 질문이다. 순진하게 '서울에서 왔습니다' 하고 자기 사는 곳을 대면 바로 아웃이다. 진리를 모른다는 반증이니 순식간에 테스트는 끝난다.

스승의 테스트 방식을 미리 눈치채고 '온 바가 없습니다' 하고 답을 제법 잘해 용케 무지함을 들키지 않을 수도 있다. 예리한 스승은 몇 차례 더 꼬아 질문을 만들어, 결국 항복하게 만든다. 곧장, 눈앞의 성품을 보면서 답해야 하는데, 외운 범주를 벗어나면 머리에서 답을 찾느라, 눈동자 굴리는 소리가 천지를 뒤흔든다. 머리로 이해하고선 진리를 안다고 속아 사는 이는 어리석고 불행하다. 스스로의 어리석음을 확인하는 것이 깨침의 준비 자세다.

아는 이는 어떤 질문을 비틀고 꼬아서 물어도 한 치도 속지 않고, 곧장 눈앞의 답을 드러낼 줄 안다. 물을 마셔본 이는 어떻게 말을 해도 다 같은 물맛을 표현해 낸다. 견성은 다 같은 성품을 보기 때문에 표현은 조금씩 달라도 같은 말이 나온다. 어떤 질문도 성품자리에 대한 확인이어서 눈앞의 그것을 곧장 답하면 된다.

'어디서 왔는가, 어디로 가느냐'는 질문은, 참 나, 일원, 성품이 어디에 있는지 확인했는가를 묻는 것이다. 또한, 생사해탈이 가능한가 아닌가를 묻는 것이기도 하다.

어디서 왔는가? 어디로 가는가? 나는 우주에 가득히 있는 텅 빈 것, 공적영지심이다. 가득 차 있으니 움직일 수가 없다. 온 우주에 나밖에 없으니 어디서 올 수도, 어디로 갈 수도 없다. 성품의 체는 온 우주에 가득하여 더 나아갈 공간이 없다. 움직일 수 없으니 오거나 갈 수가 없다. 전체에 있는 텅 빈 그것이 바로 나다. 변화하는 것은 육근, 오온, 심신이며, 참 나는 여여하여 오고 가지 않는 성품 자체다. 불생불멸이라 나는 죽지도 않고 생겨나지도 않는 여여한 불성 자체다. 그러니 죽음에 대한 공포가 사라진다.

이 자리를 명확히 확인한 것이 견성이다. 견성하지 않으면 생사해탈이 되지 않는다. 그 자리를 확연히 깨치면, 나는 생겨나지도 멸하지도 않음을 알기에, 생사해탈을 할 수 있게 된다. 생멸 없는 자성에 머물러 살면, 육신의 생사에 아무 구애가 없으며, 결국 생로병사의 윤회를 벗어날 수 있다.

견성하지 않은 이가 죽음을 담담히 받아들인다 해서, 생사해탈을 할 수 있는 것이 아니다. 죽음을 잘 받아들이더라도 생로병사의 윤회를 벗어나지는 못한다. 생로병사로 윤회하는 수레바퀴를 벗어나 자유와 해탈을 얻으려면 견성이 필수다. 생사 해탈은 견성에서 출발한다.

스스로 깨칠 마음은 내지 않고 늘 성자들의 법문에만 의지해 사는 것은, 평생 독립 못 하고 부모에 의지해 사는 미성년 자녀와 같다. 부모는 미성년 자녀가 되기를 바라지 않듯, 성자들 역시 마찬가지다. 스스로 깨쳐 성자가 되기를 바란다. 깨달음이 가장 급하고 중요하다.

성자의 말씀을 받들고 실천하는 것만 집중하는 이는, 결국 자유와 해탈을 얻는 성자가 되지 못한다. 평생을 성자들이 성품에 대해 설해 놓은 가르침에 의지해 살 뿐, 스스로 거미줄을 생산해 내지 못한다. 우주에 가득하여 온 곳도 없고 갈 곳도 없는 참 나를 알지 못하고, 육근으로 나를 삼고 살다 간다. 그대는 어디에 사는가. 어디서 왔는가. 어디로 가는가.

참 나를 알지 못해 죽음의 불안과 괴로움을 벗어나는 해법은, 오직 견성을 통해 불생불멸을 확인하는 것이다.

더럽고 깨끗함이 없다
(불구부정)

    사람 사는 세상에는 늘 시비가 따른다. 내가 맞네 네가 맞네, 이렇게 해야 되네, 저렇게 하면 안 되네 하며, 하루 종일 시비 속에 살아간다. 최종 의사결정이나 행동은 주로 윗사람이나 강자의 입장을 따르게 된다. 보통은 대수롭지 않게 상대방 의견에 따라주며 살지만, 큰 이해관계가 얽힌 일에는 승패가 있기 마련이라, 이긴 자는 좋아하고 진 자는 힘들어한다. 단순히 기분 문제로 끝나면 그나마 다행이지만, 극단적으로는 죽고 죽이는 상황에까지 이르기도 한다. 내가 맞고 저쪽이 문제라는 생각 때문이다.

    무엇이 진정으로 옳고, 무엇이 완전히 그르며, 그

옳고 그름은 누구의 판단인가. 이쪽에서 각종 법과 논리를 가져다 자기편을 변론할 때, 상대방은 정반대의 논리와 법을 가져와 자기편을 정당화한다. 이쪽 말을 들어보면 이 말이 맞는 것 같고, 저쪽 말을 들어보면 그 말도 일리가 있어 시비를 가리기가 쉽지 않다.

정승 황희는 정반합 모든 편의 입장을 다 들어보고, '그래 네 말도 옳다'며 삼자의 말이 다 옳다고 말해 큰 덕인으로 추앙받았지만, 아무나 어설피 따라 할 수 있는 경지가 아니다.

세상 모든 일은 누군가의 입장에서 옳거나 그른 것이지, 절대적으로 옳거나 잘못된 것은 없다. 시대 따라, 지역, 경험, 성향 혹은 세대 따라 변하는 다양한 입장만 있을 뿐, 절대 불변의 옳고 그름은 없다는 사실을 받아들이며 사는 것이, 신간 편하고 업 덜 짓는 묘수다.

진리를 깨닫지 못한 이들은 입장론을 벗어나지 못한다. 하나인 자리를 모르니 괴로움의 근원인 상대를 만들어 항상 마음이 다툰다. 늘 내 입장, 우리 편 입장에 서서 산다. 설령 입장을 넓혀 우리 교단의 입장, 나라의 입장, 지구의 입장에 선다 해도 마찬가지로 상대적이다.

그 모든 입장을 초월한 자리, 상대가 끊어진 자리에 서는 것이 바로 진리적이며, 깨달음의 경지이다. 모든 괴로움을 초월하는 묘법은, 진리의 입장을 떠나지 않는 것이다. 깨달음이란 진리의 입장에 눈뜬 것을 말한다.

전체에 가득한 참 나인 진리의 입장을 떠나지 않는 것이 신앙과 수행의 요체다. 진공으로 체를 삼는, 진리의 입장에 머물러 있으면, 상대가 없고 일체의 시비에 끌림이 없는지라, 늘 여여하여 마음에 일이 없다.

인간지사는 시비이해가 따르기 마련이라, 그 시대에 통용되는 법을 능히 따라주되, 또한 능히 무너뜨리기를 자유할 수 있어야, 괴로움과 싸움과 업을 벗어나는 해탈이 가능하다.

진리의 입장, 성품자리는 상대가 없어 시비가 멸하니 '불구부정不垢不淨', 더럽고 깨끗함, 옳고 그름이 없다. 텅 빈 본성은 하나라 더럽고 깨끗함이 없다. 나 하나가 우주에 가득하니 더러움을 느낄 자와 더러운 대상이 따로 없다. 즉, 시비가 끊어졌다는 말이다.

서로 연해있는 하나의 큰 몸, 법신불 자리에 머물면 더럽고 깨끗함, 옳고 그름이 없다. 그 자리에서는 일체가 다 묘유일 뿐, 나쁘거나 잘못된 것은 없다. 진리 아닌 상태, 진리 아닌 것을 먼지 하나라도 찾아낸다면, 그대는 결코 정상이 아니다. 일체는 반드시 그러할 만해서 그렇게 하고 있는 진리의 모습이며, 다 진리의 작용이다.

진리의 입장에 머물면, 우주 가득 나밖에 없어, 나 아닌 것도 나 아닌 때도 없다. 그 자리는 불구부정이라 시비가 없어, 누가 누구를 괴롭힐 수 없다. 오직 나를 모르거나 떠나 있는 것만이 사단이지, 텅 비어 하나인 자리를 알아 머물면, 울거나 잠 못 이룰 일이 없다.

늘어나는 것도 줄어드는 것도 없다
(부증불감)

깨달음을 얻지 못해 영생을 죽네 사네 몸부림치는 세 가지가 있으니, 바로 생사, 시비, 소유에 대한 것이다. 아프거나 죽으면 어쩌나 하는 불안, 네가 문제라는 시비, 모든 걸 내가 더 차지하기를 바라는 마음이 삶을 힘들게 하는 주된 요소다. 이 세 가지 고통에서 완전히 벗어나 사는 사람이 어디 있을까. 그 해법은 깨달음을 얻어, 생사 문제는 불생불멸不生不滅, 시비는 불구부정不垢不淨, 소유의 박탈로 인한 것은 부증불감不增不減임을 즉각 확인해 녹이는 것이다.

부증불감不增不減은, 진리 자리에서는 늘어나는 것도 줄어드는 것도 없으니, 무엇이 줄거나 늘었다고, 울고 웃는 괴로움에서 벗어나 살라는 말씀이다. 누가 나보다 더 잘 나가고, 누가 나보다 더 많이 벌고, 나보다 더 좋은 차, 더 넓은 집, 더 많은 인기를 받으면 상대적으로 내가 작아진 것 같아 괜히 심란해진다. 더 높은 자리에 오르기를 바라고, 더 많은 돈, 더 많은 인기와 능력을 원하는 것은 인지상정이다. 더 낮아지거나 가난해지거나 실패하거나 천대받기를 원하는 이가 어디 있겠는가.

누군가는 더 크고 좋은 것을 차지해 웃는 시간에, 다른 누군가는 그것을 뺏기거나 차지하지 못해 마음 아파하는 일은 늘 일어난다. 이겨도 문제, 져도 문제다. 상대심으로 사는 세상 사람들은, 남이 잘되면 질투로 열등감에 사로잡히고, 내가 잘되면 자만심에 들떠 산다. 열등감이 강할수록 자만심도 강한 법이라, 이 둘은 금세 역전되니 괴로움은 끝이 없다. 진리를 몰라 상대심으로 웃었다 울었다를 반복하며, 중생들이 세상 살아가는 안쓰러운 양상이다.

일체 괴로움을 벗어나는 단 하나의 길은, 깨달음을 얻어 상대가 다 끊어진 진리 자리에 머물러 사는 것이다. 진리, 자성, 참 나 자리에는 상대가 없으니 일체 괴로움이 사라진다. 그렇다고 최면이나 가상현실처럼 억지스럽게 만든 설정에 빠져 괴로움을 잊는 방식이 아니라, 오직 이것만이 정확한 사실이고 진리인 데다, 가장 효과적이다. 일체의 괴로움에서 벗어나는 유일한 길이자 참된 수행은, 오직 이 자리를 깨쳐 거기에 머무는 것이다.

자성을 깨쳐 전체를 나로 삼는 자리에서는 마음에 괴로울 일이 없어, 언제나 여여한 극락이다. 일원의 체성에 합하면, 전체가 나 아님이 없어, 얻을 것도 없고, 잃을 것도 없으며, 더 높아질 것도 더 낮아질 것도 없다. 온 우주가 나 하나로 가득하니, 저 사람도 나요, 저 물건도 허공도 일체가 다 나다. 저쪽에서 잘되는 일이 전체인 내가 잘되는 일이라, 설령 내 것을 저쪽에서 가져간다고 상대적으로 작아지거나 괴로울 일이 없다. 이쪽에서 늘어난다고 널뛰지도 않으며, 저쪽에서 늘어난다고 위축되지 않고, 일체를 변화로 알고 여여히 살아간다.

나는 전체에 가득하니, 저쪽에서 땅을 산다고 이쪽

에서 배 아플 일이 없다. 오히려 전체 한 몸인 내가 잘된 것이라, 남 잘되는 것을 100% 찬탄하고 순수한 마음으로 기뻐해 주는 수희공덕隨喜功德이 가능해져 엄청난 복을 받게 된다.

법신불 자리에 머물면 너와 내가 한 몸이니, 오고 가는 것도 없고, 늘어나고 줄어드는 것도 없다. 둘 아닌 이 자리를 알아 그 자리를 떠나지 않고 사는 것만이 일체 괴로움을 단번에 해결하는 묘법이며, 이것만이 참 수행이다. 불리자성, 자성을 떠나지 않는 것이 참 수행이라, 자성을 깨치지 않고는 참 수행은 할 수 없다.

자성을 깨치는 일, 영생 모든 괴로움의 해결이 오직 이 견성에서 출발하는데다, 하려고 원만 세우면 누구나 금방인데, 이 쉬운 걸 유보하는 이는 참으로 불행한 바보지 뭔가.

라면을 먹지 말자

한국인치고 옆에서 라면 먹고 있을 때, 한 젓가락 하고 싶은 유혹을 뿌리치기란 쉽지 않을 것이다. 종류도 많고 맛도 좋아 세계 어느 나라도 따라 올 수 없는 한국 라면의 맛, 몸에 좋지 않음을 알면서도 끊기란 쉽지 않다. 알면서도 끊지 못하는 라면처럼, 정신건강에 치명적인 또 다른 라면이 있다. 그건 바로 '~했더라면'으로 이어지는 '생각라면'이다.

그때 이렇게 했더라면 그런 나쁜 일이 일어나지 않았을 텐데, 조금만 더 노력했더라면 지금 성공해서 잘 살고 있을 텐데, 다른 사람을 선택했더라면, 그 땅을 샀더라면, 거기 가지 않았더라면, 이랬더라면, 저랬더라면… 하루에도 수없이 크고 작은 생각라면 끓이느라 우리의 정신은 퍽 고되다. 과거 잘못된 일을 떠올리며 시도 때도 없이 끓이는 생각라면은, 상대를 죄인으로 만들거나, 스스로를 자책과 죄의식에 빠뜨려 창살 없는 감옥생활을 하게 만든다.

내가 가자고 해서 간 여행에, 일행 중 누군가 문제가 생겼다고 할 때, 우리는 자동적으로 나 때문인 것 같은 죄의식에 사로잡혀 괜히 혼자서 힘들어한다. 그때 거길 가자고 하지 않았더라면 불행한 그 일이 일어나지 않았을 텐데, 나 때문에 일어난 것이라고 맥락도 없는 인과를 갖다 붙여 스스로를 괴롭힌다. 혹은 반대로, 상대방과 연관하여 문제가 생겼다면, 그 라면을 상대방에게 덧씌워, 평생 죄인으로 만들어 탓하고 미워하는 고통에 빠진다.

과연 이 생각은 사실인가? 단언컨대 '아니다!' 만약 그때 다른 선택을 했더라면, 반드시 다른 결과가 나왔을 것이라는, 소위 법정 용어로, '그렇다는 증거 있는가?' '없다!'

가정법으로 구성되는 생각라면은, 감히 신의 영역

에 개입하려는 오만함일 뿐, 아무 근거 없는 허구다. 꼼짝 않고 집에만 있었더라도 일어날 일은 진리에 의해 다 일어난다. 아무리 용한 부적을 써 베개 속에 넣고 자도, 인연과로 돌아오는 진리의 일은 결코 막을 수 없다.

일어날 일만 일어나고 일어나지 않을 일은 그대가 어떻게 했더라도 결코 일어나지 않는다. 진리의 일은 낙엽 하나, 눈송이 하나조차 정확히 떨어질 자리에 떨어진다. 진리는 결코 실수하지 않는다. 그대가 어찌했다고 이렇게 되거나 저렇게 되는 일은 없다는 뜻이다. 부질없고 치명적인 생각이라면 끊고, 강물에 나무토막 떠내려가듯 지금 이 순간의 삶을 살면 된다.

진리는 일어날 조건이 순숙되면 그 일이 일어나게 만든다. 내가, 혹은 상대방이 어떻게 했는가와는 무관하게, 그 일은 일어날 일이었음을 즉시 알아차리고 맘고생을 멈추는 이가 현명하다. 그에게 일어난 일은 그의 문제며, 내게 일어난 일은 나의 문제일 뿐, 누가 이러고 저러고 한다고 해서 일어날 일이 일어나지 않는 것이 아니다.

일어난 모든 일은 또한 더 나은 것, 더 나쁜 것이 없이, 필요에 의해 일어나는 진리의 작용이다. 분별심과 상대심만 놓으면, 지금 일어나는 일은 다 온전하며, 지금 수용하는 모든 것은 아무 문제 없이 충분하다.

자성을 떠나지 않고 육근을 동작하면, 생각라면 끓일 일이 없어 괴로움이 사라진다. 어떤 일만 일어나기를, 어떤 일은 일어나지 않기를 간택하는 분별심이 주범이며, 감히 진리와 흥정하려는 우매하고 불행한 태도다. 지혜롭고 힘 있는 이는, 진리의 일에 간섭하려 들지 않으며, 어떤 일이 일어나도, 일어날 일이었구나 하고 온전히 받아들이며 산다.

생각라면 끓여 자책과 탓으로 허송세월하면서, 가당치도 않게 진리의 일에 월권행위 하려 말고, 다 내맡기고 평안하게 오직 이 순간을 살 일이다.

언어도단의 입정처

　어떤 상황이나 사람의 언행이 기가 막혀 말이 안 나올 때 흔히 '아주 언어도단이야' 하는 표현을 쓴다. 언어도단이란 원래, 이렇게 기가 막히고 어이가 없어 말이 안 나오는 상황을 뜻하는 말이 아니다.
　언어도단言語道斷은 진리를 표현하려 할 때, 한없이 깊고 광대하고 형체도 없이 텅 비어 있으니, 어떤 말과 글로도 설명할 길이 없다는 의미로 탄생했다. 형언할 수 없이 고귀한 용어가 어쩌다 평판 나쁘게 막 쓰이는 딱한 처지로 전락했는지 모르겠다.
　말과 글과 생각으로는 우리는 풀 한 포기조차 설명할 수도, 알 수도 없다. 사람들은 뭔가 잘 모르는 것이 있으면 곧장 스마트폰으로 정보를 얻어서 그것에 대해 다 아는 척을 한다. 우리가 알 수 있는 것은 단지 그 모양과 이름 정도, 혹 더 나아간다 해도 그 특성과 생태, 용도, 식용 유무 등 인간이 제멋대로 갖다 붙인 것일 뿐, 그 자체는 결코 알 수 없다.

세상의 모든 언어학자, 모든 사람들의 언어를 다 동원해도, 세상 모든 화가들을 동원해 그림과 형상으로 표현해도 돌멩이 하나도 그 자체는 다 표현될 수 없다. 그 어떤 표현도 단지 표현일 뿐, 그 자체는 아니다.

자기 자신도 마찬가지며 주변의 그 어떤 사람에 대해서도 우리는 모른다. 설령 가장 잘 안다는, 어릴 때부터 죽을 때까지 어울려 지낸 죽마고우라도, 그 사람 자체는 결코 알 수 없다. 안다고 하는 그 모든 것은 단지 묘사나 느낌이나 지식이지, 오묘한 존재 그 자체는 아니다. 그 어떤 앎이나 정보로도, 그 자체는 결코 묘사해 낼 수 없는 절대적인 신비다.

일체만물은 무엇이든 결코 알 수 없다. 언어명상으로 그 자체에 이를 수 없다. 존재 자체는 결코 알 수 없어 불가지론不可知論이라 하며, 머리로 이해하거나 분별로 알 수 없으니 불가사의不可思議라 한다. 일체 만물은 언어로 그 자체에 도달할 수도, 표현할 수도 없는 오묘하고 알 수 없는 신이며 진리다.

형상 있는 것도 언어로 표현할 길이 없는데, 하물며 형상도 없는 텅 빈 허공을 그 어떤 언어로 표현해 낼 수 있겠는가. 눈앞 텅 빈 허공을 말이나 글로 한번 표현해 보면, 왜 언어도단인지 바로 알 것이다. 그 텅 빈 진리에 대한 성자들의 말씀이 곧 경전인데, 경전 또한 언어일 뿐, 텅 빈 진리 그 자체는 아니다. 텅 빈 허공, 신, 성품, 일원은 무엇으로도 표현할 수 없으며, 관조로써 깨달아 도달하는 길밖에 없다. 진리는 언어도단이다.

입정처入定處는 움직이지 않는 자리, 곧 본성에 머물러 있다는 뜻이다. 움직이지 않음을 정定이라 한다. 육근으로 나를 삼았던 내가 사라지고, 우주 가득한 텅 빈 전지전능자, 일원의 체성에 합한 상태가 입정처다. 진공으로 체를 삼아 온 우주가 나 하나로 가득하여, 일체 상대가 끊어진 경지가 바로 정定이다. 더 나아갈 곳 없이 전체에 가득하니 움직일 수 없다. 성품의 체는 움직임이 없으니 정定이다. 오온이나 육근으로 나를 삼은 그 내가 사라지고, 오직 천하에 성품인 나밖에 없다. 그 움직임 없는 자성에 든 상태를 입정처라 한다.

   진리, 일원, 성품은 언어도단한 입정처다. 언어의 길이 끊어진 자리, 텅 빈 그 입정처에 머물면 온 천하에 나밖에 없다. 고통을 줄 상대도 고통을 받을 나도 따로 없어 이미 해탈이다. 이 자리를 깨닫는 것이 영생의 일체 고통을 벗어나는 유일하고도 완벽한 길이다. 지식이나 이해나 체험으로는 결코 도달하지 못하는 경지가 바로 언어도단의 입정처다.

이름표를 떼라

아침에 일어나려는데 온 삭신이 쑤시고 아파 일어날 수도 없다면, 반드시 괴로워야 할 일일까? 우리는 보통 몸의 통증이 괴로움의 원인이라고 믿고 산다.

30년 전쯤, 도반들과 함께 처음으로 스키를 타던 날, 넘어지고 뒤집어지며 몸이 만신창이가 되면서도 다들 행복해했다. 다음날, 아침 일어나려는데 온몸이 두들겨 맞은 것처럼 아파 사방에서 곡소리가 난무하는데도, 이 상황을 불행하다거나 고통으로 여기는 이는 아무도 없다. 오히려 남들 아파하는 모습을 보고 서로 깔깔거리며 웃는다. 이 통증은 신나는 체험으로 인한 것이니, 좋은 일이라고 이름 붙인 후, 일어나기도 힘들게 아픈데도 다들 웃고 있다.

어떤 통증은 괜찮고 어떤 통증은 불행이라고 스스로 나누고 있는 것이다. 통증 자체는 행복도 불행도 아닌 중립인데, 스스로 붙이는 이름표 따라 행불행을 선택하며 산다는 증거다.

내게 일어나는 어떤 일이든, 나 스스로 나쁘다고 이름 붙이지 않는 한, 좋은지 아닌지 알 수 없다. 시험에 떨어졌든, 구박받았든, 그 일 자체가 고통이거나 행복이 아니라 꼭 반전이 있단 뜻이니, 울고불고 몸부림칠 필요 없다. 어떤 일이 일어났어도, 그것 자체로는 한 사람의 고락을 좌우할 아무 힘이 없다.

밤이나 낮, 비바람이나 햇빛, 겨울이나 여름은 어떤 것이 더 좋은 것도 나쁜 것도 아니며, 둘 다 존재를 키우는 자양분들이다. 내 삶에서 만나는 모든 상황도, 불행이라고 이름 붙이는 생각만 멈추면, 아무 문제 없는, 내 삶에 꼭 필요한 자양분들이며, 다 진리의 작용이다.

마음에 힘이 없는 사람일수록 어떤 일이 일어날 때마다 한 보따리씩 이름표를 들고 다니며, 이것은 좋은 것, 저것은 나쁜 것이라고 이름표 붙이는 수고를 지치

지도 않고 열심히 한다. 누군가에겐 아무것도 아닌 일일 수 있는데도, 아주 불행한 일이라고 재빨리 이름 붙이고는 힘들어 죽겠다고 목 놓아 운다. 어떤 극소수의 일에는 좋은 일이라고 이름 붙여 놓고 실실거리며 붕 떠 지낸다.

내게 오는 일체의 현상은 좋거나 나쁜 것이 아니라 중립이라는 사실을 직관해야 모든 괴로움에서 벗어날 수 있게 된다. 시인 김춘수가 읊었듯, 그것을 꽃이라고 이름붙이지 않으면 그냥 하나의 몸짓에 불과하다. 일체 일은 애초 이름 없는, 알 수 없는 진리 작용일 뿐이다.

일단 판단을 멈춰서 보면 아무것도 문제가 아니다. 좋고 나쁘다는 것도, 그로 인해 따라오는 감정까지도 스스로 선택함을 알아, 일단 판단중지를 해야 한다. 어떤 일에 불행이란 이름표를 붙여놓고는, 부정적인 감정이 막 따라 일어나려 할 때, 일단 판단중지하고 중립상태에 놓을 줄 아는 힘이 지혜이며 수행력이다.

남이 내게 하는 어떤 말이나 글이나 표정이나 행동도 일단 판단중지해서, 그 음성이나 글씨나 몸짓을 낱낱이 해체해 보면, 그것은 나를 괴롭게 할 아무 힘이 없다는 사실을 깨닫게 된다. 글자 하나, 표정 하나가 모든 것을 파괴하는 무서운 힘을 갖지 못하도록 멈춰 해체할 수 있다면, 어떤 상황에서도 마음 편히 잘 지낼 수 있다.

세상 어디에도 절대적으로 규정된 행복이나 불행 같은 건 없다. 힘 있는 이는 큰일도 해체하여 가벼이 처리할 줄 알고, 힘없는 이는 아무것도 아닌 일도 크게 만들어 야단을 떤다.

지혜로운 이는 일체를 진리의 묘용으로 여기며, 무슨 일이 일어나도 자성을 떠나지 않아, 늘 해탈의 경지에 머물 줄 안다. 오늘 하루 그대는, 얼마나 많은 이름표를 붙이고 살았는가.

유무초월의 생사문

누군가 무엇을 설명할 때, '이건 있는 것도 아니고, 없는 것도 아니야!' 한다거나, '이건 있는 건데 없고, 없는 건데 있어!' 하는 식으로 말하는 이가 있다면 좀 이상한 사람으로 볼 것이다. '뭔 소리야, 그래서 있다는 거야? 없다는 거야?'

있거나 없거나 둘 중 하나를 선택하려는 이분법에 익숙해 사는 중생들에게, 유도 아니요 무도 아닌, 이 텅 빈 진리를 알기 쉽게 설하려 할 때 얼마나 고심이 크셨을까. 그들을 진리에 도달케 해주려고 궁구해 낸, 또 하나의 정확한 표현이 '유무초월의 생사문'이다.

일원은 유有라고 해도 맞지 않고, 무無라고 해도 맞

지 않는 유무초월한 자리다. 흔히 '유有'라고 하면, 눈에 보이는 형상 있는 것을 지칭한다. 반대로 형상이 없는 것을 '무無'라 한다. 이 텅 빈 진리를 유有라고 하려니 형체가 없어 유有라고 할 수 없다. 그렇다면 진리는 없냐? 아니다. 무엇인가가 분명히 있어서 일체를 낳고 운영하고 사라지게 만드니 유有다. 분명히 있는데 형상 없이 텅 비어 있는 것이 진리다. 통상적인 유무有無의 관념을 넘어선, 있다 없다 한쪽으로 설명될 수 없는 자리를 유무초월이라 한다.

이해를 돕기 위한 비근한 예로, 우리가 늘 마시는 공기를 가져와보자. 공기는 분명 존재하는 유有다. 허나 형체도 냄새도 맛도 색도 없고 육근으로 접촉할 수도 없으니 무無다. 이런 공기를 없다고 할 것인가, 있다고 할 것인가. 유有라고도 무無라고도 할 수 없다. 물론 이해하기 쉽게 예로 든 것이지, 진리는 없는 곳이 없으나, 공기는 대기권 밖에는 없으니, 진리 허공과 공기를 같은 것으로 오해해선 안 된다.

이 텅 빈 허공인 진리가, 지능이 완벽하고, 못하는 것이 없이 모든 능력을 다 갖추고 있어 전지전능이다.

진리는 전 우주와 만물, 땅속, 물속 일체를 다 보고 다 알아 완벽히 계산해 드러내며, 무위이화 자동적으로 온 우주를 운영한다. 이렇게 우주만물 허공법계를 성주괴공, 생로병사, 생주이멸, 춘하추동으로 어느 하나 빠짐없이, 호리도 틀림없이 운영하는 법신불이 분명히 있으니 유有며, 또한 텅 비었으니 무無다. 텅 빈 것이 만능이 갖춰있어 못하는 일, 하지 않는 일이 없는데, 진리 그 본체는 유有도 아니요 무無도 아닌, 유무초월한 텅 빈 만능자다.

진리는 또한 생사문의 역할도 한다. 유무초월한 그 텅 빈 만능자가 일체 존재를 낳기도 하고 거둬가기도 한다. 존재를 드러낼 때를 유有, 존재가 사라질 때를 무無로 볼 때, 일체 존재는 어디에서 오는지 모르게 어느 순간 나타나고, 어디로 가는지 모르게 어느 순간 사라진다.

유무초월한 진리가 유有와 무無를 관장하는 문 역할을 한다. 문을 열고 들어와야 존재가 보이고, 문을 나가면 존재가 보이지 않는다. 안팎이 다 보이는 유리문이 예전에는 없었으니, 나타나고 사라지게 하는 지점을 문으로 상징한 것이다. 문을 열고 들어오면 탄생이고 나타남이며, 문을 닫고 나가면 소멸이며 죽음이다. 실상은 나가고 들어오는 문도 없고, 따로 어디로 갈 곳도 없다.

본성인 나는 온 우주에 가득하니 가고 오는 것이 아니라 영생토록 여여자연하며, 죽음은 몸이라는 새 옷을 바꿔 입는 설레는 이벤트이기도 하다. 유무초월한 진리는 무량수의 존재에게, 영생토록 주기적으로 새 옷을 입혀 생사문을 통해 보내준다. 낡고 너덜거리고 유행이 지난 옷에서 딱 맞춘 새로운 옷을 선물로 입혀 보내, 가면놀이를 하게 해준다. 영생의 시점에서 보면 찰나지간 입는 이 옷, 감사와 보은으로 옷값이나 잘 하면서 놀이처럼 살 일이다.

음양으로 베를 짜는 직녀

치열한 정글 생태를 담은 다큐멘터리를 보는 일은 힘겹다. 적자생존의 정글에서 성공이란, 죽지 않고 살아남는 것이다. 우리는 수많은 경쟁과 신체적 위협, 게다가 다른 동물과 달리 정신적 고통까지 견뎌야 하는, 인생 정글에서 살아남아 오늘에 이르렀으니 완전 성공이다.

인생이란, 힘든 일 한 번, 살 만한 일 한 번씩 지나가기를 반복하며, 자기만의 천을 짜는 과정이다. 누구에게나 씨실역할의 힘든 일, 날실 역할의 좋은 일이, 한 번씩 교차해 일어난다는 것을 일찍이 간파하는 것이 지혜다. 씨실만 반복되거나 날실만 계속되는 인생은 있을 수 없다. 모름지기 삶이란 누구에게나 예외 없이, 고와 락, 음과 양, 추위와 더위, 이런 일 저런 일이 균등하게 엮여서, 고유의 무늬를 형성하며 만들어진다.

그렇게 견디기 힘든 시간을 잘 엮어가는 비법은, 일어난 일 그 자체, 실 자체에 빠지지 말고, 모든 일을 씨실 날실로 여기며 무심히 천을 엮는, 직녀의 위치에서 사는 것이다. '힘든 일도 겪고 좋은 일도 겪으면서, 누구에게나 인생이라는 천은 이렇게 짜여지는 법이지!' 하면서, 어떤 일이 일어나도 직녀의 위치에서 받아들이면 어느새 멋진 무늬의 천이 완성된다. 다행히도 그 과정에서 해탈과 지혜와 힘이 덤으로 주어진다. 겪지 않고는 어떤 성장도 지혜도 힘도 얻지 못한다.

내겐 그냥 편하고 좋은 일만 있길 바란다면, 그건 가능하지도 않거니와, 마음의 괴로움만 증폭시키는 망상이니 일찌감치 접어두는 게 좋다. 한 방향의 실로는 천이 되지도, 쓰임새도 없는 무용지물이 되니 말이다.

호두 농사짓는 농부가 하도 간절히 기도하길래, 신은 그의 바람대로 적절한 비와 햇살과 바람을 내려 크기도 양도 엄청난 풍작을 만들어 줘봤다. 가을이 되어

농부가 설레는 맘으로 탐스러운 호두를 까보니 속이 다 텅텅 비어있더라는 우화처럼, 혹독한 더위와 가뭄과 모진 비바람을 겪어야 영혼이 깨어나 그 힘으로 속이 꽉 채워지는 법이다.

진리는 우주만물을 다 살리는 큰 계획 아래 돌아간다. 우주 한 몸인 법신불은 음양의 두 힘에 의해 영원히 생생하게 살아있다. 법신불의 세포 하나하나도 음양의 두 기운으로 살아가며, 우주 세포인 인간 역시 음양, 즉, 힘든 것, 편안한 것을 교차시키며 살려내고 있다. 음과 양은 우주만물을 영원히 살리는, 반드시 필요한 은혜의 요소니, 좋고 싫은 일에 집착하고 거부하며 괜한 괴로움 만들지 말고, 다 뜻이 있는 진리의 운영에 툭 내맡기며 살 일이다.

계속 춥기만 하거나 계속 따뜻하기만 한 인생은 없이, 누구에게나 며칠은 따뜻하고 며칠은 춥기를 반복하는 삼한사온이다. 일 년, 일생을 놓고 보면 고락이라는 삼한사온 총량은, 누구에게나 비슷하게 섞여 돌아가는, 그게 바로 인생이다. 삼한사온을 예측하고 살면, 좋고 싫은 일에 함몰되지 않고 삶을 평화롭게 운영할 수 있다.

    인생의 고락, 삼한사온, 음양, 씨실 날실을 자원 삼아, 멋진 무늬가 새겨진 또 한 필의 걸작이 완성되고 있다. 일체가 걸작이며 완벽한 신의 작품이다. 찬란하게 빛나지 않아도, 시들지 않고 살아있으면 됐다. 매 순간 그렇게 살아남아 있으면 진리가 다 알아서 또 다른 길을 열어줄 것이다.

    그 많은 일들을 겪어내며 잘 살아남은 그대의 위대한 발걸음에, 빛나는 레드카펫을 깔아두고, 웃으며 찬사를 보내고 계시는 신의 모습이 보이지 않는가.

제 세라 세라 기도

신이랑 무당이 제일 바쁜 시즌 중 하나가 새해다. 온갖 소망, 바람, 다짐, 계획을 세우고 꼭 이루게 해달라고 신에게 딜을 하거나 강한 부담을 준다. 이쪽에서도 이기게 해 달라, 저쪽에서도 이기게 해 달라, 양쪽 다 간절히 기도해 대니 신은 얼마나 난감하실까. 누가 더 간절히 기도하는가, 누가 더 많이 냈는가, 누가 더 노력하는가를 보는 것일까. 결과를 보면 꼭 그런 것만도 아니니, 에~라 모르겠다, 눈 딱 감고 행운판 빙 돌려 복불복으로 정하시려나.

점이나 사주를 봐서 쉽게 결과를 알아보려는 어리석음에 비하면, 기복적이라도 기도는, 노력이라도 곁

들여지니 그나마 나은 편이다.

    동네에 사는 용한 점쟁이 아줌마가, 내 사주가 좋다며 원하지도 않는데 술술 음부공사를 흘려주셨다. 복채도 안 받고 선의로, 게다가 듣기 좋은 말만 해줬는데도, 20대의 신출내기 교무에게 호된 훈계만 들어야 했다. "남의 앞길 미리 말해 액운을 다 막아줄 수 있냐, 일어날 일은 어찌해도 다 일어난다, 무슨 일이 일어나면 그때그때 겪으면서 힘과 지혜를 얻으며 살면 될 일이다. 막아주지도 못할 거면서 미리 좋다 나쁘다 말해, 괜한 불안과 허영을 심어주는 일을 왜 하냐"며, 어른을 앞혀놓고 조곤조곤 가르치니, 꼼짝없이 웃으며 수긍할 수밖에 …

    열심히 기도하고 노력한다고 꼭 원하는 대로 되는 것은 아니다. 기도가 의미 없다는 뜻이 아니라, 원을 세우고 기도는 하되, 결과에 대한 불안한 기대는 접고, 진리의 의도에 내맡기고 편히 지내라는 말이다. 일정 부분 내 의지가 보태지는 면이 없진 않지만, 기도의 결과가 반드시 노력이나 물량 투입의 총량에 비례하지는 않는다는 말이다.

과도한 기대 없이, 양쪽 가능성을 다 열어놓고, 어떤 일이 일어나도 결과를 다 받아들이며 사는 것이 잘 사는 길이며 참된 기도다. 참된 기도는 간절하되, 온전히 맡기며, 마음을 비워 결과를 받아들일 힘을 키우는 시간이다.

케 세라 세라, 스페인 말로 일어날 일은 어떻게 해도 일어나니, 내버려두고 살라는 뜻이다. 자칫 체념하거나 막살아도 된다는 말로 오해할 수 있지만, 오히려 그 반대다. 열심히 하되 결과는 신이 알아서 할 것이니, 미리 걱정하고 불안해하고 절망하지 말라는, 지혜로운 삶의 태도이며 최고의 위로다. 뜻을 세워 기도하거나 열심히 노력하되, 결과는 관여하지 않는 케 세라 세라로 살면, 진리가 알아서 가장 적절한 삶으로 인도해 준다. 최선을 다하되, 집착이나 기대 없이 진리에 맡기고 살면, 삶이 편안하고 마음에 일이 없다.

어떤 일이 일어나도 온전히 받아들일 힘을 얻는 것 자체가, 기도의 응답이며 위력이다. 이렇게 해달라 저렇게 해달라 요구하는, 소위 기복적 기도는 방편으로는 할 수 있다. 마음 깊은 곳에서는 케 세라 세라 하고 진리에 툭 내맡기는 것이 좋은 기도다. 기복적 기도는 불안과 좌절과 탓과 자책을 가져다준다는 사실.

원하는 것이 따로 없으면 불안도 걱정도 없다. 지금 원이 이뤄진다고 반드시 끝까지 좋을지는 알 수 없다. 뜻대로 이뤄지지 않았다고 좌절하고 가슴 아파할 일도 아니다. 내가 지금 맞이하는 모든 것은 진리작용이며, 배움과 성장의 과정이라 늘 은혜뿐, 잘못된 일은 없다.

깨달아 수행하는 이에게도 좋은 일만 일어나는 것이 아니다. 인과 작용에 의해 일어날 일은 다 오지만, 무슨 일이 일어나도 나쁘다는 생각 없이, 일체를 은혜로 보는 태도가 다를 뿐이다. 매 순간 딱 맞춘 가피를 받고 있으니, 진리 품에 다 내맡기고 언제나 케 세라 세라!

체인점엔 주인이 없다

    이 몸 안에는 따로 주인인 내가 없다. 마찬가지로 일체 우주만물에는 각각의 주인이 없다. 모든 체인점에는 주인이 없다. 밤낮도 없이 일 년 365일, 주인이 없는데도 아무 탈 없이, 매 순간 완벽하게 운영된다. 본점 주인인 진리가, 이 심신을 비롯해 우주만물이라는 체인점을 일시에 직접 운영한다.

    우주만물 모든 것은 본점인 진리의 소유다. 하나인 진리가 모든 우주만물의 경영자다. 모두가 진리의 것이며, 역으로, 그 진리는 모두의 것이다. 하나의 진리를 우주만물이 공유한다. 따로 저 위에 있는 진리를 가져다 쓰는 것이 아니라, 안팎도 경계선도 없이, 모두에 가득한 진리가 일시에 우주만물을 직영한다.

체인점들의 보고 듣고 말하고 움직이고 생각하고 화내는 모든 작동은, 따로 있는 내가 하는 것이 아니다. 본점, 본원에서 직접 한다. 꽃피우고 태어나고 자라고 사라지게 하는 일체를, 다 본점에서 하나인 주인이 한다. 모든 감정도 따로 있는 내가 일으키는 것이 아니다. 우주만물, 천지자연, 온갖 생명의 정신적 육체적 모든 작용, 물질의 생성과 소멸 그 모두를 다 본점 주인이 직접 한다.

이 순간, 그러함을 100% 믿으면 바로 견성이 일어난다. 지금 이 글도 체인점 주인인 내가 읽고, 체인점 주인인 내가 이해한다고 알고 있진 않는가. 독립된 읽는 자, 독립된 생각하는 자가 따로 없다는 그 믿음 하나 일으키면 끝인데 원.

일체를 태어나게 하고 움직이게 하고 웃게 하고, 의식이나 감정을 일으키는 자도, 천지 부모 동포 법률의 본원이 한다. 이 명확한 사실을, 지금 이 순간, 머리가 아니라, 우주허공이 되어 믿고 받아들이면, 한순간에 보는, 견성見性이 된다! 입이 부르트게 말하지만, 보는 것이지 알거나 이해하는 것이 아니다! 머리로 '다 알겠다' 하지 말고, 텅 빈 허공이 나임을 오롯하게 느끼며 보라. 진리는 보는 見성이지, 아는 것이 아니다. 아는 것은 아무 의미도 없다.

한순간도 본원의 작동 아닌 것이 없음을 믿고, 지금 한번 웃어보라. 본원이 직접 웃고 있음을, 일심 상태에서 믿으면서 느끼라. 다시 웃어보고, 손도 한번 흔들어보며 '이걸 본원인 일원이 직접 하네! 와, 신기하네! 그러네! 그러네!' 하며 다시 또다시 해보라. 될 때까지 계속 두드리면 반드시 열린다. 다른 존재의 움직임도 본원에서 직접 함을 믿으며, 유심히 바라보라. 어느 순간엔가 툭! 열릴 것이다.

그래서 뭐, 그다음은 어쩌라고? 자, 흥분하지 말고 그다음은, 그 상태를 떠나지 않는 것이 핵심이다. 체인점에 들어가 문 닫지 말고, 체인점 사방팔방을 늘 우주로 활짝 열어두라. 본점 주인의 입장을 떠나지 않고, 체인점인 육근을 직접 경영하며 잘 지내면 된다.

진공이 본점인 성품이며, 체인점이 육근작용인 묘유다. 본점에서 체인점을 직접 작동시킴이 진공묘유다. 성품을 깨달아, 성품인 본점을 떠나지 않고, 육근인 체인점을 운용하는 것이, 진공으로 체를 삼고 묘유로 용을 삼는 참 수행이다. 그 본원을 떠나지 않은 상태로 사은인 처처불을 대하는 것이, 참 신앙이며 불공이다.

    우주만물은 이름은 각각 다르나, 둘 아닌 하나의 진리가 운영한다. 그 하나가 모두의 주인이라, 하나님이며 주인님이다. 호칭이야 맞지만, 단지 저 위에 따로 있는 임을 맹신하는 바람에, 깨달음과 정반대 방향으로 맹렬히 달려가는 어리석음이 안타까울 뿐.

그대가 깨칠 수밖에 없는 이유!

　흔히 치매가 심한 이는 인식능력이 없으니 누가 함부로 대해도 모를 거라고 여긴다. 언젠가 이런 주제로 대화하는 소리를 들으신 어느 할머니 법사께서, 혼잣말처럼 나지막하고 단호한 목소리로 툭 내뱉은 말씀, "그걸 머리가 아는가, 성품이 알지!" 성품이 안다는 그 말씀은, 천둥처럼 큰 화두로 꽂혀 깨달음의 단초가 되었다.

　칠흑 같은 어둠 속에서 한 일이라도 누가 알고 모르고와 상관없이 과보는 다 정확히 온다. 그걸 누가 한다고? 그렇다! 바로 성품이 한다. 의식 너머 일체 존재의 모든 순간을 하나도 놓치지 않고, 다 보고 다 알아서 정확히 갚아 주는, 신령하고 위대한 것이 바로 성품이다. 성품인 내가 일원이며, 본원이며, 신이며, 부처다.

일원은 제불조사 범부중생의 성품이며 그 성품은 하나다. 하나인 성품이 다 보고 알아 다 갚아주며, 일체 우주만물을 모든 순간 작동시키는 본원이다. 본원이 곧 성품이니, 우주만유의 성품이라 해도 맞고, 일체중생의 본원이라 해도 맞다. 그게 그거다.

일원이 우주만유의 본원이란 말은, 우주만물 모두 부처라는 뜻이라, 부처를 발견하여 부처로 모시는 신앙의 근거가 여기 있다. 우주만유의 본원이라고만 해도 하나도 빠짐없이 다 해당되는데, 굳이 제불제성의 심인과 일체중생의 본성을 거듭 반복한 이유가 있다.

우주만유 중에 그 본원인 진리를 깨쳐, 천지 기운을 돌릴 수 있는 존재는 오직 사람이다. 진리는 모두이 것이지만 깨달아야 주인노릇을 할 수 있다. 본원이 곧 나임을 깨달을 수 있는 존재에게, 특별제작으로 붙여준 표현이 본성(성품)이며, 이는 깨달음과 수행의 근거가 된다. 성품의 이름이 따로 붙은 존재들은, 본원인 성품을 깨쳐, 윤회를 벗어나 자유를 얻을 능력을 이미 다 부여받은 셈이다.

 제불제성의 심인이란, 본원인 진리가 곧 나임을 이미 확인한 선각자들이 있다는 보증서며, 그 깨달음의 내용이 동일하다는 뜻이다. 누가 찍어도 도장은 같은 모양이 나오듯, 마음을 깨달은 이들은 동일한 것을 본다는 말이다. 제불제성은 일원과 본원과 성품인 내가 같은 것임을 확인한 증인들이며, 깨달음에 대한 가슴 뛰는 롤모델이 되는 이들이다.

 제불제성이 될 불종자는 따로 없다! 모든 이의 성품은 동일하다. 우주에 성품은 단 하나인데, 제불조사 범부중생으로 나눈 것은, 부처나 너나 같으니 맘만 먹으면 곧장 제불이라고, 미리 유출한 답이다. 제불의 성품, 조사의 성품, 범부의 성품, 중생의 성품이 따로 있지 않고 단 하나의 성품이니, 어서 깨달아 괴로움을 벗어나라는 간곡한 당부가 여기 스며있다.

 내가 곧 일원임을 확인하여 자유를 얻은 이들과, 눈 뜨려 하지 않아 괴로움을 윤회하는 이들의 차이만 있을 뿐이다. 제불조사는 눈뜬 사람으로, 제불은 성품을 깨달아 자유자재하는 이들이며, 조사는 깨친 후 그 자리에 비춰 수행하는 이들이다. 범부중생은 눈뜨지 못한 이들로, 도를 알아들을 줄은 아는 이는 범부, 탐진치와 업력에 끌려 귀 닫고 사는 이는 중생이다. 이 분류는 어디까지라고 똑 떨어지는 선을 그을 수 있는 것이 아니라 대략적 구분이며, 눈 뜬 이에게는 한순간에 단계가 사라진다. 같은 성품이니 단지 눈만 뜨면 곧장 부처다!

말하고 생각하고 걷고 밥 먹는 이 심신의 운영은, 제불이나 조사나 범부나 중생이나 오직 하나의 성품이 한다. 일원, 즉 성품이 제불조사의 것이나 범부중생의 것이 원래 같으니, 견성 못할 이유를 찾을 수가 없다. 하여, 그대가 반드시 깨친다는데 거금 오백 원을 건다!

빈 배

한 어부가 넓은 호수에서 고기를 잡고 있었다. 저 멀리서 배 한 척이 다가오고 있었지만, 알아서 피해가겠지 하며 어부는 고기 잡기에만 열중하고 있었다. 순간 쾅~ 하고 양쪽 배가 충돌해 어부는 휘청거리며 넘어졌고, 배도 일부 파손되었다. 잔뜩 화가 치밀어 오른 어부는 씩씩거리며 상대방 어부를 향해 싸울 태세를 갖췄다. 대체 눈을 어디다 두고 다니느냐고 삿대질하며 따지려고 보니, 어라, 그 배는 사공이 없는 텅 빈 배였다.

빈 배라는 사실을 알고 나니 싸우려던 마음은 순식간에 사라졌다. 어부는 허탈한 웃음을 한번 짓고는 돌아와 배를 수리했다. 불필요한 감정 낭비는 순간에 끝나고 곧 평상심을 되찾았다. 만약 그 배에 사공이 타고 있었다면 상황은 완전 달랐을 것이다. 목소리 큰 사람이 이긴다고, 서로 상대방 잘못만 들춰 언성을 높이다가 집안 싸움으로까지 번졌을지 모른다. 억울해 잠 못 이루며 가슴앓이하다 생병이 나서, 별것 아닌 일로 만신창이가 될 수도 있다.

잘 알려진 장자의 '빈 배' 이야기를 좀 각색해 본 것이다. 우리의 일상에서 벌어지는 많은 일들에 대응할 때 '빈 배'를 각성하면 삶이 가볍고 수월해진다. 삶은 필시 수많은 배가 서로 접촉하며 운영되지만, 매 순간 배 안에 사공이 없음을 비춰 살면 어떤 큰 경계가 와도 아무 문제 없이 자유롭다.

일체는 텅 비어 주인이 없다. 나를 괴롭히는 사람도, 대상도 원래 다 텅텅 비어있다. 일체가 공함을 비추어 보면 모든 괴로움에서 벗어난다. 조견오온개공照見五蘊皆空하면 도일체고액度一切苦厄이 된다. 상대방이나 벌어진 상황 자체 때문이 아니라, 오직 이 마음이 괴로움을 더 강력하고 더 오래 유지시키는 문제의 선수다.

아무도 없는 허공에 헛스윙을 날리며, 혼자 엎어지고 뒤집어지고 죽자 살자 싸우는 우스운 꼴을, 평생 열심히 반복하며 산다.

배에 사공이 없을 뿐만 아니라 배 자체도 원래 없다. 일체의 물질, 즉 색色은 지수화풍 네 가지의 결합이다. 지地, 흙의 가장 작은 단위는 물질이 아닌 텅 빈 에너지다. 수水 역시 흔적 없이 사라지는 공한 것이며, 화火는 불기운, 풍風도 바람기운일 뿐 실체가 아니다. 지地도 수水도 화火도 풍風도 그 본질이 텅 비어 있으니, 어떤 물질, 어떤 색色도 다 텅 빈 상태다. 수상행식受想行識이라는 정신작용 역시 일어났다 사라지는 기운일 뿐, 아무 실체가 없다.

나라고 우기는, 오온五蘊인 색과 수상행식은 텅 빈 것이며, 일체가 또한 텅 비어 있다. 진리가, 법신불이 없는 곳이 없다는 말은, 일체 만물이 텅 빈 상태라는 뜻이다. 텅 비어야 없는 곳이 없음이 성립된다. 우주가 텅 빈 자리에 가득한, 공적하고 영지함이 바로 성품인 나다. 이 우주 가득한 공적영지심이 법신불이며, 나이며, 또한 너이고 일체의 것이다.

원래 태초부터 일체 모든 것이 테두리도 없이 텅 빈 하나의 기운, 법신불로 충만하다. 나도 너도 경계도 다 비었으니, 누가 누굴, 무엇으로 괴롭힐 것이 원래 다 없음을 반조하는 것이 최고의 수행이며, 괴로움을 완전히 벗어날 유일한 길이다.

나 하나가 공空 하면 일체가 동시에 공하다. 내 집 없으매 천하가 내 집이 된다. 그 큰집 살림하며 큰집에 머무는 것, 법신불 자리에 머무는 시간 늘리기가 신앙이며 수행이다. 오온, 육근의 주인공이 아니라 우주의 주인공으로 살면, 일체가 나 아님이 없는지라, 괴롭힐 자도 괴롭힘을 받는 자도 없다. 그러니 제발 이것이, 오온이, 육근이 나라고 억지 좀 그만 부리고, 항상 오온이 공함을 비추어[照見五蘊皆空] 일체고액을 벗어날[度一切苦厄] 일이다.

서울에서 서울 갈 수 없다!

 서울에서 태어나 사는 사람이, '나는 서울을 가 본 적이 없어서, 꼭 서울을 한번 가보고 싶다'고 평생 갈망하고 사는 이를 본다면 어떻겠는가. 어이없는 말투로 "여기가 바로 서울인데, 무슨 서울을 가며, 또 어떻게 간다는 거야?"하고 되물을 것이다. 그런데도 계속 서울 가기를 갈망한다면, "잘 들어봐, 너는 한시도 서울을 떠난 적이 없고, 지금도 서울에 살고 있어. 따로 어디에 서울이 없고, 여기가 바로 서울이야." 하며 어떻게든 알게 해주려고 몇 번이고 거듭 일러줄 것이다.
 우리는 모두 서울에서 태어나, 서울을 떠난 적이 없이 살고, 다시 서울로 돌아간다. 그러니 부질없이 서울

가려고 애쓰지 말고, 이미 서울에 살고 있음만 각성하면 된다. 일체 존재는 한시도 성품이라는 서울을 떠난 적이 없다. 그러니 성품을 깨달으려고 애쓰지 말고, 이미 온 우주가 온통 성품 자체임을 자각하면, 그것이 바로 견성이다.

내가 성품을 본다거나, 내가 성품을 찾는다는 것은, 엄밀히 말하면 불가능하다. 성품이 바로 난데, 내가 성품을 찾는다는 것 자체가 어폐가 있다. 그 말은 단지, 선각자들이 이해를 돕기 위해 만들어낸 표현일 뿐이니, 말에 속으면 안 된다. 성품을 찾거나 본다는 것은, 성품과 찾는 자가 나눠지게 되므로, 이미 전제부터 잘못됐다. 따로 어디에 있는 성품을, 또 다른 어떤 자가 보는 것이 아니라, 성품과 나는 동일자다. 찾는 자와 찾는 대상이 같아서, 누가 무엇을 찾는다는 것은 말이 안 된다.

그러니 따로 있는 내가, 성품을 깨달으려고 해서는 결코 깨닫지 못한다. 깨달음이란, 실제로는 누가 무엇을 깨치는 것이 아니다. 어리석은 내가 따로 없고, 한시도 성품을 떠난 적이 없음을 그냥 믿고 받아들이면 그것이 깨달음이다. 서울 가려는 망상만 버리고, 원래 서울을 떠난 적 없음만 알아차리면 끝이다. 마음은 온 우주에 가득히 있어서, 어디서 어디로 갈 수 없다. 찾으려는 나와 찾을 성품이 동일함을, 그대로 '믿는 마음'이 깨달음의 '열쇠'다.

깨달음을 따로 갈구하면 절대 깨달을 수 없다. 그렇다고 깨달음에 대한 마음조차 내지 않으면 영영 깨닫지 못하는 어리석은 이가 되며, '내가' '성품을' 깨닫고자 하면, 그건 '불가능'이다. '나' 하나를 따로 '설정'하는 순간 모든 것이 어긋난다. 털끝만큼도 간격이 없이, 바로 눈앞에, 그리고 온 우주 가득히 성품이 있다!

마음이, 성품이 어디에 있는가를 알아야, 그 마음을 비우든 닦든 가라앉히든 할 수 있다. 마음이 어디 있는지를 모르는데, 누가? 어디서? 어디로? 비우고, 어디를 닦는단 말인가. 견성하지 않은 이는, 마음을 비울 수도, 다스릴 수도 없고, 공부할 수도, 닦을 수도, 가라앉힐 수도 없다! 정확히 말해 마음공부나 수행이 이뤄질 수 없다.

어허, 마음을 모르는 사람이 어디 있냐고? 내가 다

보고 알고, 내가 다 기억하고, 내가 기분을 느끼고, 내가 생각하고, 내가 먹고 그러는, 이것이 마음이지 뭐가 마음이냐고? 아니다. 진짜 주인공 마음은, 그 모든 것을 가능하게 하는 바탕으로 있는 것, 주관하고 있는 자다.

나는 우주 가득한 성품, 즉 마음이다. 일원은 본원이요 심인이요 성품이니, 나는 공적영지한 성품이며 마음이며, 일원이며 진리이며 신이다. 성품이 하루 종일 이 심신을 작동시키는 주인이다. 온 우주가 나 하나로 가득하고, 우주 안 모든 것을 성품인 내가 다 작동시킨다.

나는 우주에 가득하여 떠난 적도 떠날 수도 없는 성품이다. 온 우주가 서울이며 성품이며 마음이며 나다. 나는 우주라는 서울에 산다! 서울에서 서울 갈 수 없다!

부처는 자비롭지 않다!

깨달음을 얻으면 이런 모습일 거라고 흔히 하는 상상들이 있다. 젊은 스님보다 노승, 차갑기보다 자비로움, 말 많기보다 과묵함, 울고 웃기보다 감정이 한결같음, 답을 몰라 고민하기보다 항상 맞는 완벽한 답을 주기 등이다. 더 나아가 남의 마음을 다 읽고, 앞으로 일어날 일을 훤히 내다보며, 척 보고 남의 운명을 아는 듯 한마디 툭 던지고 간 말을 무시하지 못하게 되는, 뭐 대충 그런 이미지다.

어떤 이는 깨달음을 얻으면 나쁜 일도 당하지 않으며, 병이나 치매도 오지 않는다고 생각한다. 마음이 늘 평온하고 자비로우며, 남을 위해 자기 것 다 내주고,

지혜가 넘쳐 모든 판단이 항상 정확할 것이라 여긴다. 이거 다 지어낸 것들이다. 깨친 이들을 겉모습으로는 알 수 없는데, 드라마를 너무 많이 봐서 그렇다.

 흔히, 그 사람의 행동하는 것을 보면 그의 깨달음 여부를 알 수 있다고 말하곤 한다. 결론부터 말하자면, 천만의 말씀 만만의 콩떡이다. 깨달음의 여부는 일반인들이 알아볼 정도로 보이는 차원이 아니다. 그 이상의 경지가 아니면 절대 알아볼 수 없다! 행동하는 것을 봐서는 결코 견성 여부를 알 수 없다는 뜻이다. 깨달음을 얻어 그 이상의 경지에 있는 이가 이런 말을 한다면 혹 맞기도 하겠지만, 견성도 못한 이들이 하는 말이라면, 글도 못 깨친 아이가 박사 논문을 이러쿵저러쿵 평하려는 정도로 비유하면 맞겠다.

 종교적인 수행을 잘하여 인품이 뛰어나 말과 행동이 만인의 롤 모델이 되는 이라도, 그가 깨달았는지 아닌지 겉모양 봐서는 알 수 없다. 역으로 언행이 완전 엉망이어도 그 사람의 깨달음 여부는 모르는 일이다. 진리를 시원시원하게 잘 설하는 것만 듣고는 또한 깨달았는지 아닌지도 알 수 없다. 겉으로 드러난 말과 행동으로는 결단코! 깨침 여부를 알 수 없다.

 스스로 깨달음을 얻는 능력, 상대를 견성하도록 해줄 능력, 상대의 견성 여부를 알아볼 수 있는 능력은 다 각각 다른 영역이다. 깨달음을 얻었어도 대개는 첫 단계에서 멈춘다. 아주 드물게 상대를 견성으로까지 이끌기도 하는데, 이게 매우 어려워 옛 선사들도 몽둥이를 들거나 소리를 버럭 지르거나 그냥 보냈다. 세 번째 단계는, 여러 차례의 정밀한 테스트로 그가 확실히 보았는지 확인해주는 일이다. 처음엔 자칫 속을 수도 있어 시차를 두고 재차 삼차 확인해줘야 하는데, 이 역시 깨달음을 얻은 이라도 다 되는 것이 아니다.

 못 깨친 이가 자비로울 수도, 깨친 이가 자비롭지 않을 수도 있다. 몽둥이로 치고, 화내고, 혼을 내고, 울고, 웃고 다 하되, 깨친 이는 바로 돌이킬 자성을 안다는 것이 다를 뿐이다. 진리 역시 자비롭기만 하다면, 만물을 다 죽이는 겨울이나 죽음, 액운, 과보가 없어야 맞다. 만물을 영생하게 하니 자비라 한 것이지, 인간이 구하는 상대적 자비를 말한 것이 아니다.

 견성과 성불은 다른 차원이다. 견성 후 무량한 수행

을 거쳐 성불이 된다. 견성이 글 깨침이라면, 글 깨친 후 바로 논문이나 대하소설 쓰는 경지인 성불이 되겠는가. 견성 즉시 성불이 되는 경지를 주세성자라 하는데, 이처럼 깨침과 동시에 심신자유가 되는 돈오돈수를 그대는 꿈꾸지 말라. 견성은 대개 그렇게 오지 않으며, 정말 아주 아무것도 아닌 데다, 오랫동안 별 변화도 없을 터이니 실망할 준비들 단단히 해야 한다.

　남의 수행 잘하네 못하네 평하느라 허송세월하는 대신, 그대의 깨침 여부나 급히 돌아볼 일이다. 눈도 못 뜬 이가 남의 언행을 보고 견성 여부를 안다고? 소가 웃을 소리 말고.

이판사판

'이판사판'이나 '이판사판 공사판'이란 말은 본의와 아주 다르게 부정적인 의미로 잘못 쓰이는 말 중 하나다. 이치를 밝혀 수행하는 이판승理判僧과 절간 살림살이를 맡은 사판승事判僧이 다 공중의 일을 하는 것이니, 이판과 사판이 다 필요하다는 뜻이다.

도를 논하는 이가 돈이나 세상살이에 너무 밝으면 세속적으로 보이니, 그동안은 세간사에 좀 어두운 것이 도인다운 미덕으로 여겨져 왔다. 세상 물정 잘 몰라 큰소리칠 입장은 못 되지만, 여하튼 세상사에 어둔 마음공부라면 보기 좋은 납 도끼와 같아 별 쓸모가 없다.

혼자 산속에 들어가 '나는 자연인이다' 찍을 거 아

니면, 일에도 이치에도, 돈에도 도에도 다 밝아야 앞으로의 세상을 잘 살아갈 수 있다. 마음공부의 목적은 생활 속에서 불법을 잘 활용해 여기저기서 많이 찾는 아주 유용한 사람이 되는 데 있다.

무지한 부자도, 가난한 도인도 다 반쪽이다. 사람으로 사는 이상, 돈도 의식주도 있이 사는 편이 없이 사는 것보다 좋다. 이치도 훤히 밝은데 세상일도 밝고 능해 지혜와 복을 함께 넉넉히 갖추면, 양면으로 보은 잘하고 살 수 있으니 더없이 좋은 일이다. 어느 한쪽에 치우침 없이 세간의 일에도 출세간 이치에도 다 밝은 이가 마음공부 잘~ 하는 사람이다.

물질문명이 발달될수록, 근본적인 마음공부 없는 육근 사용은, 심신 간 에너지를 다 고갈시켜 삶을 고되고 괴롭게 만든다. 반대로, 도에만 관심 갖고 세상 돌아가는 일에 너무 어두워 무슨 말인지 통 알아듣지 못하면, 세상에서 도태되어 자신도 답답하고 주변에서도 한심하게 여기게 된다.

세상을 잘 사는 이는 영육쌍전靈肉雙全으로 몸과 마음을 잘 돌봐 두루 균형을 유지한다. 진리를 깨달아 정신에 수양과 연구와 취사의 힘을 항상 길러야 마음에 괴로움 없는 정신건강을 유지할 수 있다. 그 마음 실력을 잘 활용하여 육신의 건강과 함께, 물질과 의식주도 능히 누릴 수 있는 실력을 갖춰야 한다. 단, 삶의 근본이 되는 법신불, 성품을 떠나지 않은 채 그것들을 잘하는 것이 핵심이다.

인간 삶에서 떠날 수 없는 시비이해는 그 답을 대소유무에서 찾아야 한다. 대소유무는 진리 전체를 표현한 말이라, 사실 진리를 깨닫지 않고서는 그 경지를 알 수 없는 어려운 말이다. 대략적으로 설명하면 우주만물의 근원이 되는 본원자리를 대大라 하고, 대를 구성하는 우주만물 각각을 소小라 한다. 대와 소는 나눠진 것이 아니라 한 몸인 법신불이다. 그 법신불이 우주만물을 성주괴공 생로병사 춘하추동 생주이멸 인과보응으로 변화시키며 운영하는 것을 유무有無라 한다.

마음공부 잘하는 이들은 대소유무에 비춰 인간사 시비이해를 밝게 분석할 줄 알고, 일 당할 때마다 잘 적용해 실제 효과를 낸다. 진리를 깨치지 않은 이들이 내가 옳다거나 이것이 이로운 것이라고 하는 일체의 판단은, 내 입장에서 옳거나 이롭다고 여길 뿐, 정확한 시비이해가 아니다. 같은 것을 두고 상대는 다른 시비이해를 말할 것이니, 늘 다툼과 승패가 생겨 괴로움이 끊이지 않는다. 항상 하나인 성품자리에 비춰 시비이해를 판단할 때 수월하고 시원하게 답이 나오고, 착심이 사라져서 늘 편안하다.

후천시대의 활불 도인은, 진리도 세상사도 다 밝히는 이사병행理事竝行 공부로 복과 지혜를 두루 갖춰, 세상을 위해 널리 활용할 줄 아는 사람이다.

깨친 이후의 신앙 수행법

　깨달은 이들은 어떤 표준으로 신앙과 수행을 해 나가면 될까. 똑 떨어지는 단 하나의 효과적인 비법이 있으면 얼마나 좋을까만, 깨달은 이들도 기호와 체질이 각각인지라 공부법도 제각각이다.
　수많은 공부법 가운데, 일원상법어를 표준으로 한 신앙과 수행법을 소개한다. 그냥 법어대로 살면 되니 방법은 간단한데, 이걸 글로 표현하려니 참 쉽지 않은 일인 것 같다.
　일원상 법어에서, 진리를 깨달은 이들의 신앙의 표준은, 우주만물과 그 작용을 곧 나의 것으로 삼는 것이다. 허공과 일체 존재, 일체 현상을 다 부처와 부처의 작용으로 보는 것이 참다운 신앙이다. 일체가 일원 아님이 없고 일원의 작용 아님이 없음을 돌이켜, 그것을 다 내가 하는 경지로 삼는 일이다. 바람 불고 꽃피고 춘하추동 생로병사 인과보응 하는 모든 것이 진리인 나의 작용이라, 일체를 부처로 모시고 일체 현상에 흔들리지 않고 해탈하며 살 수 있다.

일원상 법어에서 깨달은 이들의 수행 표준은, 원만구족하고 지공무사한 진리를 그대로 가져다 육근을 원만구족하고 지공무사하게 쓰는 것이다. 일원인 진공을 돌이켜 육근을 작용하는 것이 핵심이니, 이를 간략히 '진공으로 체를 삼고 묘유로 용을 삼는다'고 표현한다.

육근에는 몸만이 아니라 의식도 포함된다. 생각 감정 분별 의식 등은 수상행식受想行識이지 참주인공인 성품이 아니다. 주인공인 성품을 떠나지 않고 몸과 마음인 육근을 잘 부려 쓰는 것이 수행의 요체다.

법신불 자체가 원만구족圓滿具足하고 지공무사至公無私하니, 이를 체 받아, 육근을 원만구족 지공무사하게 사용하는 것이 수행의 핵심이다. 원만圓滿이란, 법신불이 먼지 하나, 허공 한 점도 제외하지 않고 다 품으니 이를 원만함이라고 한다. 원만하기에 하나도 빠짐없이 다 갖춰져 있어 또한 구족具足이 된다. 지공무사至公無私에서 지공至公이란 지극히 공변되어 사私 없는 상태이니, 지공至公이 곧 무사無私다. 일원상 법어에는 안이비설신의眼耳鼻舌身意 육근을 쓸 때마다, 그 앞에 각각 일원상 하나씩이 그려져 있다. 일원으로 돌아가 안이비설신의 육근을 일원처럼 원만구족 지공무사하게 쓰라는 신호다.

눈을 사용할 때마다 자성인 일원으로 돌아가 잘 사용하고, 귀를 사용할 때마다, 코를 사용할 때마다, 입을 사용할 때마다, 몸을 사용할 때마다, 마음을 사용할 때마다 자성인 일원으로 돌아가 사용하면 원만구족 지공무사한 진리작용이 되며, 이것이 곧 최고의 수행법이다. 입을 사용할 때는 귀는 아무렇게나 써도 된다는 것이 아니다. 주인공이 하나라 육근을 동시에 운영하지 따로 각각 챙기는 차원이 아니다.

신앙과 수행은 나눠지지 않는다. 신앙은 잘하는데 수행은 못한다든지, 수행은 잘하는데 신앙은 안 된다든지 하는 말은 맞지 않다. 자성을 반조하여 일원에 비춘 상태에서는 신앙과 수행은 동시작동이다. 처처불상 사사불공處處佛像 事事佛供과 무시선 무처선無時禪 無處禪은 표현만 다를 뿐 동전의 양면으로 하나다.

　육근으로 나를 삼은 그 거짓 나를 놓아 텅 빈 대공심大空心이 되면 그것이 곧 대공심大公心과 같다. 대공심大空心은 수행의 핵심이며, 대공심大公心은 신앙의 핵심이다. 일원상 법어에 표준한 신앙수행은 이 원상을 각覺하지 않은 이는 사실 실행하기 어렵다.

천지이니 천지처럼!

깨달은 이후 실행할 최상의 공부법 중 하나는, 내가 곧 천지이니 천지처럼 사는 것이다. 그 핵심은 천지8도를 체 받아 실행하는 일이다. 내가 곧 천지이며 천지가 곧 나임을 돌이키는 것이 이 공부의 출발이다. 천지가 하는 것을 보아서 천지처럼 살면 최고의 신앙이 되고 수행이 된다. 자, 그러면 천지가 어떻게 운영되는지 여덟 가지로 살펴보고, 그 천지의 도를 따라서 실천해 보자. 사실, 천지8도는 그냥 돌이키면 될 일인데, 이걸 또 글로 설명해 내려니 이렇게 막막할 수가 없다. 그 본의만 가져다 쓰길 바란다.

천지의 지극히 밝은 도를 체 받아 천지와 하나인 나

도 사리 간에 막힘이 없이 사통오달이 되도록 늘 지혜를 단련하며 살 일이다.

한때도 쉼 없는 천지의 지극히 정성한 도를 체 받아 무엇이든 하다말다 하는 나태심을 극복하며 본래 목적을 달성해갈 일이다.

천지의 지극히 공정한 도를 체 받아 원근친소와 감정에 끌리지 않고 언제나 중도를 잡아 실천할 일이다.

천지의 순리 자연한 도를 체 받아 항상 불합리를 버리고 순리와 합리로 살 일이다.

천지의 광대무량한 도를 체 받아 좁고 편협함에서 벗어나 광대무량하게 살 일이다.

천지의 영원불멸한 도를 체 받아 나와 주위의 변화와 생로병사에 끌리지 않고 해탈을 얻을 일이다.

천지의 길흉 없는 도를 체 받아 좋은 일이나 힘든 일에 집착하거나 거부하지 않고 모든 경계를 여여하게 받아들이며 살 일이다.

만물을 키우고도 응용 무념한 천지의 도를 체 받아, 은혜를 베푼 후 바로 상을 놓으며, 남이 몰라주거나, 혹 배은망덕을 해도 미워하지 않고 무심히 살 일이다.

천지8도를 체 받아 천지처럼 사는 일은 최고의 신앙 수행이며, 일체 괴로움에서 벗어나는 지름길이다.

천지와 하나가 되면 천지영기아심정天地靈氣 我心定이라, 만사여의아심통萬事如意 我心通이 된다. 천지와 내가 하나이니 천지의 원이 곧 나의 원이 되고, 진리작용이 곧 나의 일이 된다. 내 뜻과 천지의 뜻이 하나 되면, 천지의 원이 나의 원이 되어 만사가 여의 성취되는 것이 된다.

천지와 내가 하나인 천지여아동일체天地與我 同一體가 되면 나와 천지의 일이 다 정확하고 바른 아여천지동심정我與天地 同心正이 된다. 천지는 어긋나거나 잘못된 작용이 없으며, 좋고 나쁜 일이 없고, 일어날 일만 일어나니 모두가 진리적이며 정확하다.

천지의 도를 정성 다해 행하면 지혜가 충만해지고, 천지의 덕이 나타나 복이 무량하게 된다. 그 결과 천지 같은 위력과 천지 같은 수명과 일월 같은 밝음을 얻어 만인의 지도자가 될 자격이 갖춰지며, 구하지 않아도 천복이 따르고 인천대중이 보호하고 따르게 된다.

자성인 천지에 머물러 천지처럼 사는 이는 곧 하

늘 사람이라, 그가 가장 큰 사람이며, 이들이 하는 일은 하늘 살림이라 가장 큰 살림이 되니 그 복덕이 한량없다.

    천지와 내가 분리되면 일체가 다 어긋나니, 자성인 천지로 돌아가는 자성반조가 출발점이다. 천지8도를 체 받아 사는 일은 깨달은 이들의 최상승 신앙 수행법 중 하나다.

천운을 타고난 대한민국!

    몇 년 전까지만 해도 헬조선이라며 이민을 추진하던 이들이 많았건만, 어느 날 눈 떠보니 세상에서 가장 선망하는 나라가 되어있다. 그 사이 특별히 무슨 일이 있었던 것도 아닌데, 그동안 우리가 세상에 잘 알려지지 않아 몰랐다가 때가 되어 드러난 것뿐이다. 너무 당연한 것들로 갑자기 세상의 주목을 받으니, 요즘 다들 꿈인 양 어안이 벙벙할 것이다.

    한글이 아니라 영어를 쓰는 것이 더 멋있다고 여겨 홀대받아 온 우리말은, 세상 가장 훌륭한 언어로 평가받으며, 한글 배우기가 전 세계적으로 그야말로 광풍이다. 우리가 늘 먹는 흔하디흔한 한식은, 외국인들이 한번 맛보면 황홀경에 빠지게 만들며, 한국 사람을 비롯해 노래 춤 의상 뷰티 교육체계 행동패턴 등등 한국의 것이라면 이제 선망과 흥행의 보증수표가 됐다.

갑자기 나타난 지하자원을 팔아 느닷없이 졸부가 된 것도 아니고, 무기나 힘으로 남의 나라를 침략해 국력이 세진 것도 아닌데, 이미 우리가 선두 그룹이고, 앞으로 최고가 될 것이라고들 말한다. 딱히 세상의 리더가 되기를 갈망한 것도 아닌데, 이미 세상은 존경의 눈빛으로 우리가 하는 것을 따라 하며 리더로 만들어 놓았다. 그도 그럴 것이, 머리 좋고 힘도 센 데다 재빠르고 멋있는 이들이 요리도 잘하고 인정도 넘친다면 이건 천하무적 게임아웃이다. 원하지 않아도 이미 우리 오천만 국민을 80억의 세상 사람들이 뒤따르고 있으니, 각자 150명 이상씩 지도해야 할 판이다.

우리 한민족으로 말씀드릴 것 같으면, 자고로 그 갖추기 어렵다는 온전한 인간의 세 가지 조건인 지知와 정情과 의意를 고루 갖춘 이들이다. 머리가 좋아 무엇이든 배우면 청출어람靑出於藍인 데다, 사람이 머리 좋으면 정이 없기 쉬운 법인데, 이 극단의 두 요소가 고루 충만한 참 희한한 민족이다. 게다가 불의를 보면 피가 끓어 거리로 나와 정의를 쟁취해 내며, 그런 혼란의 와중에도 서로를 챙겨 약탈 한 건 일어나지 않는 정과 의로움의 끝판왕이다.

고래로 그 숱한 침략에도 굴하지 않고 오뚝이처럼 일어나 이 땅과 민족을 지켜온 우리를 그 누가 대적할 수 있겠는가. 그 경험치가 쌓여 동학농민운동 삼일독립운동 광주민주항쟁 촛불혁명까지 무서울 것 없이 한달음에 달려왔으니, 이 기세로 일궈갈 민주주의와 국민의 역량은 어디까지일지 가늠이 안 된다.

그나마 여기까진 서론이다. 문제는 영적인 차원이다. "금강이 현세계金剛現世界하니 조선이 갱조선朝鮮更朝鮮이라", 이 나라 조선이 세계의 정신의 지도국 도덕의 부모국으로 최고의 리더가 될 것이라 하신 소태산 대종사의 예언은, 이제 막 서막이 열렸을 뿐이다. 놀라지 마시라. 그 지도국의 유지 기간이 무려 오만 년이다. 캄캄했던 일제치하에서 앞으로 이렇게 세계 리더가 된다는 그 말씀을 누구 하나 귀담아들었을까.

이제 깨친 이들이 콩 볶듯 쏟아져 나오며 깨달음의

문이 한반도에서부터 열려 세상을 이끌 것이다. 옛 부처님 시절과 달리 인터넷망의 개벽시대라 깨달음도 한 순간에 전해지게 된다. 괴로움을 해결할 깨달음의 길을 가장 잘 인도해 줄 일원대도 정법 찾아, 세계 모든 이들이 이 나라로 몰려오게 될 것이다. 그들을 깨닫게 해주는 일이 참 교화이니, 백년 갓 넘긴 시기에 숫자로 '교화가 되네 안 되네' 걱정 말고, 단지 깨침이 늦음을 걱정할 일이다.

곧 당도할 통일의 시대에 이 나라가 세계의 찬란한 빛이 되리니, 지금 그렇게 머뭇거릴 시간 없다. 어서 깨쳐 금강 찾아 몰려올 손님 맞을, 참주인 자격 갖춰 놓아야 하지 않겠나!

참 쉬운 깨달음의 길

인쇄	2024년 2월 26일 초판 1쇄 인쇄
발행	2024년 3월 1일 초판 1쇄 발행

지은이	장오성

펴낸곳	도서출판 동남풍
펴낸이	주영삼(성균)
출판등록	제1991-000001호(1991년 5월 18일)
주소	54536 전라북도 익산시 익산대로 501
전화	063)854-0784
팩스	063)852-0784
홈페이지	www.wonbook.co.kr
인쇄	문덕인쇄

값 17,000원

ISBN 978-89-6288-053-3(03200)

잘못 만들어진 책은 구입처나 본사에서 교환해 드립니다.